U0937289

大家小小书
篆刻　王兴家

中国历史小丛书

主　　编　吴　晗

编　　委　丁名楠　尹　达　白寿彝　巩绍英　刘桂五　任继愈　关　锋　吴廷璆　吴晓铃　余冠英　何兹全　何家槐　何干之　汪　篯　周一良　邱汉生　金灿然　邵循正　季镇淮　陈乐素　陈哲文　张恒寿　侯仁之　郑天挺　胡朝芝　姚家积　马少波　翁独健　柴德赓　梁以俅　傅乐焕　滕净东　潘絜兹　戴　逸

新编历史小丛书

主　　编　戴　逸

副 主 编　张传玺　唐晓峰　黄爱平

总 策 划　韩　凯　张　森　李翠玲

执行策划　安　东　吕克农

编　　委　王　玮　王铁英　孔　莉　孙　健　刘亦文　李海荣　沈秋农　高立志

统　　筹　高立志

新编历史小丛书·史话

中国上古史话

张传玺 著

北京出版集团
文津出版社

贵州出版集团
贵州人民出版社

目　录

导言　郯子说官

——星光灿烂的政治天空

对于我国古代政治文明开始的时间，学术界有比较统一的认识，认为始于夏朝。可是对于其曙光时期，则说不清楚。不仅我们今天说不清楚，两千五百年前的大学问家孔老夫子也说不清楚。不仅孔子说不清楚，当时的一些国君和达官贵人也几乎都不知曾出现在远古的政治文明的曙光是怎么回事。

公元前528年的秋天，鲁国来了一位国宾，史称郯子。郯国在今山东郯城一带，相传是黄帝之子少皞氏的后裔，因此《左传·昭公十七年》孔颖达疏引王肃云：“郯，中国也。”但在春秋时期，由于世代久远，郯已被华夏诸侯国目为东夷。子是郯国国君的爵位。当时国君的爵位分为五等，所分封的疆域分为三等。就是《孟子·万章下》所说的：“公、侯皆方百里，伯七十里，子、男五十里。”郯子仅是子爵，是一位小国国君。可是他很有学问，在鲁昭公举行国宴欢迎他时，他应主人之请，讲述了他的祖先少皞氏为什么用各种鸟名作为时官名称。他谈此事，是从黄帝时期的官职谈起的。《左传》这样记载他的话：

> （鲁昭公十七年）秋，郯子来朝，公与之宴。昭子问焉，曰："少皞氏鸟名官，何故也？"郯子曰："吾祖也，我知之。昔者黄帝氏以云纪，故为云师而云名。炎帝氏以火纪，故为火师而火名。共工氏以水纪，故为水师而水名。太皞氏以龙纪，故为龙师而龙名。我高祖少皞挚之立也，凤鸟适至，故纪于鸟，为鸟师而鸟名。凤鸟氏，历正也。玄鸟氏，司分者也。伯赵氏，司至者也。青鸟氏，司启者也。丹鸟氏，司闭者也。祝鸠氏，司徒也。鴡鸠氏，司马也。鸤鸠氏，司空也。爽鸠氏，司寇也。鹘鸠氏，司事也。五鸠，鸠民者也。五雉为五工正，利器用，正度量，夷民者也。九扈为九农正，扈民无淫者也。自颛顼以来，不能纪远，乃纪于

近。为民师而命以民事，则不能故也。”

这段话的大致意思是，鲁国贵族昭子向郯子询问：听说远古时少皞氏用鸟名作为官名，这是什么原因？郯子详细地做了解释，不仅讲述了他的祖先少皞氏以鸟名官的缘由，还较详细地介绍了当时的官制，也介绍了黄帝、炎帝、共工、太皞等古帝王为官员命名的情况。黄帝用云记事，所以用云作为官名；炎帝用火记事，所以用火作为官名；共工用水记事，所以用水作为官名；太皞用龙记事，所以用龙作为官名。少皞即位的时候，正好遇到凤鸟前来，所以就用鸟记事，各部门长官都用鸟来命名。凤鸟氏就是后代的历正，总管历法；玄鸟氏掌管春分、秋分；伯赵（即伯劳，一种鸟）氏掌管夏至、冬至；青鸟氏掌管立春、立夏；丹鸟氏掌管立秋、立冬。祝鸠氏就是司徒，鴡鸠氏就是司马，鳲鸠氏就是司空，爽鸠氏就是司寇，鹘鸠氏就是司事。这“五鸠”是鸠聚百姓的官。另外还有“五雉”，是五种管理手工业的官，改善器物用具，统一尺度容量，让百姓交易公平。又有“九扈”，是九种管理农业的官，约束百姓不让他们放纵。郯子最后又说：自从颛顼开始，已经无法维持上述传统，凡是“为民师”，即做官的人，都“命以民事”，就是所用官名都采自民事，不再用云、火、水、龙、鸟这一类特定的名称。实际上，郯子所说的这一变化，指的是远古先民从以自然崇拜的图腾[①]为官名转变为因事名官，这是社会发展进步的标志。

郯子所讲，语惊四座。孔子时年二十七岁，已聚徒讲学，其弟子中有鲁大夫孟僖子之嗣子懿子、南宫敬叔等人，都是一些饱学之士。可是他听到郯子所讲，极为钦佩，要向他当面求教。事后，孔子慨叹说：“我听说‘天子失官，学在四夷’，看来是对的。”郯子说官，虽不足以证明中国在当时已经进入政治文明时期，但说距政治文明的到来已为时不远，是可以肯定的。

注释：

①图腾，北美印第安语音译，意为“亲属”和“标记”。因原始人相信本氏族与某种动、植物或其他自然物具有特殊的亲缘关系，故将该物视作本氏族的保护者和标志族徽而加以崇拜。

第一章　黄帝、炎帝、尧、舜

我国在远古时期，族群众多，氏族、部落的首领各有名号，在文献中多称帝王，或直呼其名。五帝之名号多所出现，但各家说法不一。郯子既在开头讲到黄帝，又说颛顼之后，以事名官。司马迁在《史记·五帝本纪》中，对有关五帝时的史料是这样评价的："学者多称五帝，尚矣。然《尚书》独载尧以来；而百家言黄帝，其文不雅驯，荐绅先生难言之。孔子所传宰予问《五帝德》及《帝系姓》，儒者或不传。余尝西至空桐，北过涿鹿，东渐于海，南浮江、淮矣至长老皆各往往称黄帝、尧、舜之处，风教固殊焉，总之不离古文者近是。"他的大致意思是说：学者们一再谈到五帝，但年代实在是太遥远了。《尚书》只记载尧以后的事情，尧以前虽然有一些资料，但可疑之处较多，头绪也很复杂，需要认真鉴别。本书在这里采用司马迁之说，重点介绍黄帝、炎帝和尧、舜时期政治文明曙光的情况。至于黄帝之孙颛顼，曾孙帝喾，皆从略。

一　黄帝与炎帝

黄帝姓公孙，名轩辕，约与炎帝同时。黄帝族长居姬水流域，因之改姓姬氏。炎帝族居姜水流域，姓姜氏。两族都以农业生产为主，文化都有相当高的发展。后来黄帝部打败了炎帝部。两部合并后，又打败了东夷之蚩尤部。黄帝的势力范围扩大，“诸侯咸尊轩辕为天子……是为黄帝”。黄帝的势力所及，根据他巡视所到之处，大致可以估计出来。《史记》卷一《五帝本纪·黄帝》记载：“（黄帝）东至于海，登丸山，及岱宗（今山东泰山）；西至于空桐，登鸡头（今宁夏隆德东）；南至于江，登熊（熊耳山，今河南卢氏南）、湘（湘山，亦名君山、洞庭山，今湖南岳阳西南），北逐荤粥，合符釜山（今河北怀来北），而邑于涿鹿之阿（今涿鹿东南）。”在这样大的范围内，虽然当时的户口并不稠密，但族群众多、部落林立是必然的，所以有“万国”之称。当时已有什么制度，尚不清楚。据《五帝本纪》，黄帝时“宫名皆以云命，为云师”，具体如“春官为青云，夏官为缙云，秋官为白云，冬官为黑云，中官为黄云”。这与前面所引郯子的说法是符合的。不过《五帝本纪》也载有黄帝时因事名官的例子，如黄帝四臣为“风后、力牧、常先、大鸿以治民”，又“置左右大监，监于万国”。

二 禅让时代

尧和舜是“禅让时代”的两位帝王。

1. 唐尧

尧的本名为放勋，传说他是黄帝曾孙帝喾的庶子。帝喾死后，嫡子名挚者继位；但因表现不好，不为群众所爱戴。他的庶母弟放勋时封唐侯，居于平阳（今山西临汾西南），很有德行，甚得拥护。帝挚在位九年，让位给唐侯放勋。放勋即位，史称唐尧。尧是谥号，亦称陶唐氏。帝挚是否就是郯子所说的“我高祖少皞挚”呢？文献记载有分歧。帝挚让位给尧，开禅让时代的先河。尧是一位圣君，《史记》卷一《五帝本纪·帝尧》说他在位时，“黄收纯衣，彤车乘白马，能明驯德，以亲九族。九族既睦，便章百姓。百姓昭明，合和万国”。这说明当时的政治和社会情况相当清明稳定。

尧在政治和职官制度方面有相当的建树。当时的天文和历法已有初步发展，已设置专门的官吏负责研究管理，并与农业生产的季节联系起来。《五帝本纪·帝尧》曰：“乃命羲、和，敬顺昊天，数法日月星辰，敬授民时。”羲、和是两个家族，羲氏有羲仲、羲叔，和氏有和仲、和叔，四家世代分掌东、南、西、北的季节和气候的变化。一年为三百六十六日，用闰月来调整四时的误差。所谓“敬授民时”，张守节《史记正义》征引纬书《尚书考灵耀》的说法：“主春者，张昏中，可以种稷。主夏者，火昏中，可以种黍、菽。主秋者，虚昏中，可以种麦。主冬者，昴昏中，可以收敛也。”由此总结说：天子根据星辰的运行变化，知道民间农事缓急，编制历法，颁行民间，这就叫作“敬授民时”。《五帝本纪·帝尧》还说：“信饬百官，众功皆兴。”可见尧时的各项事业已相当发展，各种主事官吏的设置已相当齐全。

此时，在尧的身边还有一个权力很大的高级咨询组织，称作“四岳十二牧”。四岳和十二牧是十六个部落或部族的首领。如《史记》卷三二《齐太公世家》曰：“太公望吕尚者，东海上人。其先祖尝为四岳，佐禹平水土甚有功。”太公望即姜太公，他的祖先是东夷首领之一。《左传·襄公十四年》载戎子驹支对晋国大臣的答词，称晋惠公“谓我诸戎，是四岳之裔胄也”。杜预注：“四岳，尧时方伯。”东汉学者郑玄《毛诗笺》解释四岳为“四时之官，主方岳之事”。西汉《孔安国尚书传》则云：“四岳，即上羲和四子也。分掌四岳之诸侯，故称焉。”四岳不分族属，权势声望似比十二牧要大一些。如尧任命鲧（禹之父）为平治洪水的领导人，就是由四岳会议推荐的。后来以舜为尧的帝位继承人，也是由四岳会议推荐的。四岳或四岳十二牧会议是一种原始民主性质的会议制度。部落或部落联盟中的大事，要经过这一会议讨论决定，但部落联盟的军事首领（酋长）有最后决定权。此种政治形式存在于原始社会末期，也就是父系家长制时期，学术界称之为军事民主主义时期。

2. 虞舜

舜的本名为重华，舜为谥号。传说是黄帝的第八代孙，颛顼的第六代孙。自颛顼之子穷蝉至舜，六代为庶人。《孟子·离娄下》曰：“舜生于诸冯，迁于负夏，卒于鸣条，东夷之人也。”此说是可信的。舜幼年丧母，事父和继母至孝，曾在今山东西部一带以耕作、捕鱼及制作砖瓦器具等为生，受到当地居民的爱戴。尧在年老时，因为他的儿子丹朱的品性不好，不宜继承他的权位，由四岳会议推荐，决定以舜为继位人。尧命舜代他行天子之职，还将两个女儿娥皇和女英嫁给舜，协助舜工作，并对舜进行考察。二十年后，尧死，舜正式登天子之位。

舜受尧的长期培养锻炼，政治经验已相当丰富。《史记·五帝本纪·虞舜》记载，他即位后，即与四岳十二牧议事，广开言路。首先整顿朝政，任命了九位长官分掌庶政：一，伯禹为司空，掌水土工程；二，弃为后稷，掌农事；三，契为司徒，掌教育文化；四，皋陶为作士，掌刑法狱事；五，垂为共工，掌百工制作；六，益为虞，掌山林川泽；七，伯夷为秩宗，掌礼仪制度；八，夔为典乐，掌典礼音乐；九，龙为纳言，掌宣示王命，下情上达。还设置了一些次要的部门，连同上述九官，共二十二位高官，各有执掌，并规定“三岁一考功，三考绌陟”，于是“远近众功成兴”，“天下明德皆自虞帝始”。可见舜时，部落联盟已相当发展，各项制度和职官的设置已相当完备。

舜在位十七年，除了做好上述政事之外，还做了两件大事：一是任命禹为司空，平治洪水；二是禅让帝位给禹，保证了社会秩序的稳定和发展。

洪水在全国范围泛滥，帝尧时已很严重。《史记》卷二《夏本纪》曰：“当帝尧之时，鸿水滔天，浩浩怀山襄陵，下民其忧。”当时任用禹之父鲧负责治水，用了九年的时间，没有成效。在舜代行天子职权时，以“治水无状”之罪，将鲧处死，另任鲧之子禹治水。《夏本纪》记载，禹受到父亲被杀的刺激，“劳身焦思”，全身心地投入治水工作，在外面奔波十三年，过家门不敢入。他通过诸侯和贵族征集了大批劳动力，翻山越岭，所到之处打下木桩进行标记，从而测定了各处山川的情况。经过艰苦的努力，终于治服了洪水，导小水入大水，导大水入江、河，使百川汇海。于是天下太平，“四海之内，咸戴帝舜之功”（《五帝本纪·虞舜》）。

舜做的第二件大事是禅让帝位给禹。舜在年老时，考虑到由谁来继承帝位的问题。他的两位妃子，姐姐娥皇无子，妹妹女英生子名商均，品性不好，舜不想传位于他。舜曾为此事举行四岳十二牧会议听证，最后决定以禹嗣。

唐尧虞舜时期，是儒家盛赞的“黄金时代”，例如孟子就“言必称尧、舜”（《孟子·滕文公上》）。

3. “大同”之世

“大同”是孔子对尧舜时代的赞颂。《礼记·礼运》记载孔子的话说：

> 大道之行也，天下为公，选贤与能，讲信修睦；故人不独亲其亲，不独子其子。使老有所终，壮有所用，幼有所长，矜、寡、孤、独、废疾者皆有所养。男有分，女有归。货恶其弃于地也，不必藏于己；力恶其不出于身也，不必为己。是故谋闭而不兴，

盗窃乱贼而不作，故外户而不闭。是谓大同。

孔子所说的大同社会，就社会的发展来说，是属于氏族公社时期，当时，生产资料归氏族集体所有，或称为公有。私有制和私有观念还没有产生，不存在贫富差别，人与人之间没有剥削和被剥削关系，更没有压迫和被压迫关系。人与人之间是平等的，氏族与部落的首领由氏族或部落成员民主选举产生。这样的情况由人们口口相传，世代相传，流传到孔子的时代，加入了不少理想的和不真实的成分。在孔子的时代，各个民族的社会发展是不平衡的。不少落后的民族地区仍停留在原始社会的末期，或保留着较多的原始公有制和民主制的残余形态。上述两种资料汇入孔子的脑海，形成了由他所勾画的大同社会的蓝图。其实，这种大同社会在当时极端低下的社会生产力的情况下是不可能存在的。贫困、饥饿、寒冷、疾病，以及各种自然灾害的侵袭，使人类的生活状况极其困苦。所谓的“大同”只是人们的一种理想而已，在历史上是不会有的。尧舜的“禅让时代”，也就是军事民主制时期，是中国上古史发展中的一个阶段，时间并不太长，一切社会现象都是必然出现的，但具有过渡的性质。在这一社会阶段中，公有制将为私有制所代替，私有财产、阶级、剥削等现象都在孕育、萌发，原来为社会、为群众服务的公共性机构在发生质变，在向着主要是为剥削阶级少数人利益服务的暴力机构转变，这个暴力机构就是国家机器。

第二章 “夏传子，家天下”

中国古代的历史自原始社会后期的氏族公社进入以私有制为基础的阶级社会，这是一个极大的转变，这一转变的政治标志就是国家机构的产生。第一个国家的名称是“夏”，史称夏朝。夏商周（西周）三个朝代是先后相继建立的，史称三代，时长共一千余年。三代是以私有制为基础的阶级社会，与此前以公有制为基础的氏族公社制度在社会性质上有根本的不同。这不同的根源是财产私有制度的产生，以及由此而形成的根深蒂固的私有观念。其他一切制度和文化都是由此而派生出来的。不过由于此时出现了一批伟大的政治家，以制礼作乐、设制度、立田里为手段，调和了阶级关系，稳定了社会秩序，发展了生产，繁荣了文化，使儒家学派的人们基本满意。所以孔子亦倍加赞颂，称此时为小康社会。《礼记·礼运》记载他的话说：

> 今大道既隐，天下为家，各亲其亲，各子其子，货力为己。大人世及以为礼，城郭沟池以为固，礼义以为纪。以正君臣，以笃父子，以睦兄弟，以和夫妇，以设制度，以立田里，以贤勇知，以功为己。故谋用是作而兵由此起。禹、汤、文、武、成王、周公由此其选也。……是谓小康。

孔子是以理性看世界的。他认为，“大道既隐，天下为家”是不可抗拒的历史发展规律。“谋用是作而兵由此起”也是必须面对的残酷现实。他认为只要有圣君贤相主政，“谨于礼”，“以著其义，以考其信，著有过，刑仁讲让，示民以常”，社会还是能够安定的。孔子以“三代之英”（《礼记·礼运》）为榜样，描绘了建立“好人政治”的希望。

一　以早期宗法制为主干建立的贵族政治

1. 早期宗法制度

夏朝的第一代国君是禹，原名文命。是否为黄帝之玄孙、颛顼之孙，已不可考。但其父为鲧，文献争议不大。他在舜时受封为夏伯，因有夏禹之名号。他一生最伟大的事业是平治洪水，因此受到各方拥戴，被举为虞舜的帝位继承人。舜逝世之后，三年服丧完毕，禹推辞帝位，希望让给舜的儿子商均，自己退避到阳城（今河南登封）。但天下诸侯都不理睬商均，而主动去朝拜禹。这样禹只好登上天子之位，“南面朝天下，国号曰夏后，姓姒氏”（《史记·夏本纪》）。

夏禹虽已建国，但在当时尚没有明确的疆域范围，更没有日后的国界这一概念。如说势力范围，也不确切，只能说势力所及，或影响所及。据《史记·五帝本纪·虞舜》的记载，禹治水之后，其势力或影响所及，“方五千里，至于荒服。南抚交趾、北发（户），西戎、析枝、渠廋、氐、羌，北山戎、发、息慎，东长、鸟夷，四海之内，咸戴帝舜之功”。[①]夏禹建国，当是继承了这一范围，但其有效统治地区，只限于今河南中、北部和山西南部。这一区域大致与今日考古学上的二里头文化分布的范围相当。

夏朝的社会制度是以农村公社为基础的部落奴隶制度。由氏族贵族转化而来的姒姓贵族为主的奴隶主，联合其他降服的氏族、部落或部落联盟的头人，建立了夏朝。其统治机构的主干和基本框架，是由氏族公社时期的父家长制转化发展而来的宗法制度，这种制度是以分配贵族统治集团的嫡庶系统的政治、经济权益为目的而建立起来的权益保障制度。这是一种高于政治、支持政治而超越政治的制度，是政治、经济关系的灵魂和支柱。在夏朝，这种制度属于初建，极不完整，但在王位世袭制、分土封侯制、世卿世禄制等主要政治制度中都已有所贯彻。《礼记·礼运》记载孔子在讲述“小康”社会时说：“大人世及以为礼。”孔颖达疏：“大人”就是诸侯，“世及”就是诸侯在家内传位，父子相传叫“世”，兄弟相传叫“及”，父亲传位给儿子，没有儿子就以兄长身份传位给弟弟。这都属于“礼”的范围。

2. 王位世袭制度

中国古代的王位世袭制是由宗统和君统两大系统结合而成的。如上所述，宗统是以区分嫡庶为要务而形成的血缘纽带关系；君统是以区分等级身份为要务而形成的政治统治关系。两者在当时的社会政治情况下，互相支援，互相维护，相得益彰，形成两支强大的宗法和政治力量。此制度表现在王位世袭制方面，已很明显。其基本特点是：以“父死子继”为主，以“兄终弟及”为辅。夏朝共十七帝，凡十六传，传子十三，传弟三。王位世袭制的产生、实施，在当时是一种进步，其最主要的作用是减少甚至避免统治集团内部为争夺王位而互相残杀，又有利于保持政治和社会的稳定，有益于社会经济和文化的发展。

夏的世系中有三例为传弟。其一为太康，《夏本纪》载，“帝太康失国”。裴骃《史记集解》引孔安国的解释说，太康沉溺于田猎，不把民众的事务放在心上，以致被后羿赶到国外。《夏本纪》又说：“太康崩，弟中康立，是为帝中康。”后来“帝不降崩，弟帝扃立”；“帝廑崩，立帝不降之子孔甲”。其原因史籍没有交代，一般的情况是“无子则传弟”。总的说来，夏朝的王位世袭制度基本确立，其执行情况也基本正常。

夏朝王系表[2]

（约前2070—约前1600）

（一）禹—（二）启—（三）太康
└（四）中康—（五）相—（六）少康
（七）予（杼）—（八）槐（芬）—（九）芒—（十）泄
（十一）不降—（十四）孔甲—（十五）皋
└（十二）局—（十三）廑
（十六）发— （十七）履癸（桀）[3]

3. 分土封侯制

尧舜时期已有同姓贵族分土封侯制，如帝挚封其异母弟尧（放勋）为唐侯。尧受帝挚禅位之后，又封其兄挚于高辛。舜封异母弟象于有鼻，为诸侯。《史记·五帝本纪·虞舜》载：“尧子丹朱，舜子商均，皆有疆土，以奉先祀。”至夏朝，分封姒姓贵族为诸侯的更多。《史记·夏本纪》云：“禹为姒姓，其后分封，用国为姓，故有夏后氏、有扈氏、有男氏、斟寻氏、彤城氏、褒氏、费氏、杞氏、缯氏、辛氏、冥氏、斟戈氏。”同书卷四一《越王勾践世家》记载：春秋后期的越王勾践，就是禹的后代，他的祖先是夏朝国君少康的庶子，被分封在会稽（今浙江绍兴），负责守护并祭祀禹的陵寝。这些同姓诸侯在封国内是否按照宗法制要求传其爵位呢？由于史料缺乏，难做结论。我估计，封国的爵位继承制度应当大致与王位世袭制度相同，不会另搞一套。

4. 世卿世禄制

在王室供职的主要官员，如卿、大夫等也都有禄位。夏朝这种禄位是否已经实行世袭制了，由于缺乏记载，不可确知。但夏朝初年的老臣，如商之祖先契，在帝舜时，即“封于商（今河南商丘南），赐姓子氏”（《史记》卷三《殷本纪》）。周之祖先弃（后稷），亦在帝舜时受封于邰（今陕西武功），“号曰后稷，别姓姬氏”（《史记》卷四《周本纪》）。他们与皋陶在夏初，都为朝廷重臣。皋陶死，禹封皋陶之后于英（今安徽金寨东南）、六（今安徽六安北），或在许（六安附近）。他们的禄位都是世袭的。夏朝的高官还有羲氏、和氏家族，世掌天文、历法和政教、农事等。又有六卿掌军事，大理掌刑狱，牧正、庖正、车正、工正等分掌畜牧、膳食、车服百工，各有禄位。

夏朝政治制度的基本情况即如上述。具体

的统治或庶政机构还有很多，各有执事之官。如文献记载，夏禹时，已有赎刑之法。《尚书·周书·吕刑》载：“（周）穆王训《夏赎刑》。”《孔安国尚书传》云：“吕侯以穆王命作书，训畅《夏禹赎刑之法》，更从轻以布告天下。”《左传·昭公四年》则云：“夏启有钧台之享。”总的看来，夏朝的政治制度已非尧、舜时之草创可比，已相当完备。这些制度的基本职能可以分为两个方面：一是主要职能，为保护以奴隶主贵族为主的私有财产者的既得利益，管制、镇压以广大奴隶群众为主的劳动人民的反抗行为。二是维持社会秩序的稳定，调和剥削阶级和被剥削阶级的关系，维护、关注社会的公益事业，以及安定人民的生产和生活，还有抵御外侮等。夏朝是奴隶制社会的上升时期，虽然许多制度主要是为奴隶主阶级的剥削和压迫服务的，充满了残酷和不幸，但从社会发展的角度来说，它属于新生事物，是不可避免的，有其历史发展的必然性和必要性。为后代儒家所盛赞的夏、商、周三代，就是在这一矛盾着的社会情况下向前发展的。

二　土地国有制与赋税用“贡”法

1. 土地国有制度

夏朝实行土地国有制，将势力所及，以王畿为中心，自内及外，以五百里的宽度为限，划分为五个圆形地带，叫作五服，也就是五个勤于王事的负担单位。第一圈为甸服，贡纳粟米刍藁；第二圈为侯服，负担徭役；第三圈为绥服，奉宣教令；第四圈为要服，严守律法；第五圈为荒服，因俗而治。各服内的诸侯、采邑、氏族、部落、部族的首领或头人都要保卫疆土，履行职责。④

征收赋税的地区主要在甸服，所收主要是农业税。夏朝官府对于农业生产很关心，羲氏与和氏等主天文历法及农事的官吏都与农业生产有关。田地划分为亩积，分配给农家自种自食者称作私田；由各农家代耕，收获物归官家者称作公田。这是一种必要劳动和剩余劳动分离的劳役地租形态，也叫作代役地租。国家收取地租既是国家实现其土地所有权的经济形态，也是国家实现其财政征收的经济形式。当时，地租与地税尚未分化，是结合在一起的。传自夏朝的历法《夏小正》一书首条曰：“农率均田……初服于公田。”服，就是工作的意思。汉儒戴德编辑的《大戴礼记》在此解释说：“古有公田焉者，古（故）言先服公田，而后服其田也。”也就是说，当时的制度，是先在公田里工作，然后才在自己的田里工作。

2. “夏后氏五十而贡”

《孟子·滕文公上》这样记载夏商周的赋税制度：“夏后氏五十而贡，殷人七十而助，周人百亩而彻，其实皆什一也。彻者，彻也；助者，藉（借）也。……惟助为有公田，由此观之，虽周亦助也。”今天史学界的多数人认为，夏朝授田，为每户五十亩。所谓“贡”的“什一”之税，即纳五亩之租，同于殷人纳七亩之租，周人纳十亩之租。夏之“贡法”与商之“助法”、周之“彻法”相同，都是“借民力以耕种公田”，即劳役地租，又都行“什一”之税。可是，孟子认为贡法与助法仅是形式相同，其实质，也就是两者的税额比例并不相同。夏的贡法实行定租制，不论年景丰歉，税额的数量不变；商与周的助法实行分租制，税额的数量随年景的丰歉情况而变化，丰年多纳，歉年少纳。所以，孟子引龙子的话说："治地莫善于助，莫不善于贡。"因为贡法是比较若干年的收成得出平均数，作为固定的征收标准。丰年不多收，荒年也不少收，对农民来说很不合理。孟子与龙子对于贡法和助法之优劣的评论是正确的。⑤

三　夏桀无道，商汤伐而代之

1. 夏桀的黑暗统治

夏朝的前两代帝王，即禹和他的儿子启，都有所作为。可是至第三代太康，由于爱好游乐，不关心人民的生产和生活，政治黑暗，国力虚弱，阶级矛盾一度尖锐。东夷的部族首领后羿乘机伐夏，太康被逐，国家灭亡，史称"太康失国"。太康死，弟中康立，成立流亡政权。至其孙少康时，在旧臣和亲族的援助下，打败敌人，夺回政权，史称"少康复国"。此后，夏朝的政治和社会情况都有所恢复和发展。可是到夏朝后期，禹的第十一代（十四传）孙孔甲是个昏庸无道的帝王。《史记·夏本纪》曰："帝孔甲立，好方鬼神，事淫乱。夏后氏德衰，诸侯叛之。”

孔甲死后，传位至其曾孙履癸，就是夏桀，这是中国古代史上少有的臭名昭著的帝王。他为个人享乐，筑倾宫、瑶台。萧统编《文选》卷三张衡《东京赋》注引《汲冢古文》曰：“夏桀作倾宫、瑶台，殚百姓之财。”倾宫是因宫室高大耸立，如欲倾坠而得名；瑶台是用玉石装饰而成，华丽无比。宫中美女如云，倡优婆娑。又设酒池糟山，在酒池中划船，有三千人牛饮，醉死者横卧池中。在糟山上作乐，不分昼夜。西汉学者刘向《列女传·夏桀末喜传》则记载：“桀既弃礼义，淫于妇人，求美女，积之于后宫，收倡优、侏儒、狎徒能为奇伟戏者，聚之于旁。造烂漫之乐，日夜与末喜（妺喜，夏桀的宠妃）及宫女饮酒，无有休时。置末喜于膝上，听用其言。昏乱失道，骄奢自恣。为酒池可以运舟……醉而溺死者，末喜笑之以为乐。”夏桀还恬不知耻地吹嘘自己就是天上的太阳。可是人民群众已极痛恨他，咒骂说：“时日曷丧！予及汝皆亡。”（《尚书·商书·汤誓》）就是情愿和他同归于尽。夏桀还向周边方国和部落掠夺美女和财物，遭到强烈反抗。

2. 商汤吊民伐罪

夏桀在政治上倒行逆施，近小人，远君子，刚愎自用，听信谗言，统治集团内部矛盾重重，斗争激烈。正直清廉者或遭杀害，或离他而去。夏桀在位数十年⑥，已众叛亲离。

这时，东夷中被称作商的一部（居今河南商丘南），势力日益强大。首领叫汤，是一位英明的君主，深受人民的爱戴。反对夏桀的方国和部族也多投向商汤。他们以汤为首，发动了一场讨伐夏桀的战争，史称“吊民伐罪”，就是抚慰人民，讨伐有罪。《孟子·梁惠王下》曰：汤伐夏，“诛其君而吊其民，若时雨降，民大悦”。联军在汤的领导下，大败夏桀军于鸣条（今河南封丘东），桀逃到南巢（今安徽巢湖东北）而死，夏朝灭亡。夏朝从禹至桀，共传十七君，十四世，历四百七十一年。

注释：

①裴骃《史记集解》郑玄曰：“息慎，或谓之肃慎，东北夷。”又据司马贞《史记索隐》：发，当作“北发”，长，当作“长夷”。张守节《史记正义》谓“鸟夷”的“鸟”或作“岛”。

②《史记》卷三《殷本纪》。司马贞《史记索隐》曰："按：夏、殷天子亦皆称帝，代以德薄不及五帝，始贬帝号，号之为王，故本纪皆帝，而后总曰'三王'也。"

③本表所用夏朝帝王世系及帝王名称均据《史记·夏本纪》。帝予异名杼，帝槐异名芬，均据《史记索隐》注明。

④本五服说据《尚书·夏书·禹贡》。又同书《虞书·益稷》："弼成五服，至于五千。"《孔安国尚书传》："五服，侯、甸、绥、要、荒服也。服，五百里。四方相距为方五千里。"又周称侯、甸、男、采、卫为五服。见《尚书·周书·康诰》。各说大同小异。

⑤朱熹《四书章句集注》称龙子为"古贤人"。《尚书·夏书·禹贡》对"五百里甸服"之贡，有具体规定："百里赋纳总"，即赋禾稿以饲马；"二百里纳铚"，即纳收割工具；"三百里纳秸服"，即运送秸稿；"四百里粟"，即输粟；"五百里米"，即输米；粟与米有粗、精之别，按什一之税输纳。此可参考。

⑥夏桀在位时间，文献记载不同，少者三十余年，多者五十二年。

第三章　商族的兴起和商朝的奴隶制国家

夏、商、周，史称三代。第二章已讲述了夏朝的兴亡和商朝的兴起。《孟子·离娄上》曰："三代之得天下也，以仁；其失天下也，以不仁。"朱熹《四书章句集注》解释说："三代，谓夏、商、周也。禹、汤、文、武，以仁得之；桀、纣、幽、厉，以不仁失之。"孟子的仁政学说是中国政治文明的重要理论成果之一。夏朝的兴亡和商朝的建立，才是三代史的一半。仅此三代史的一半，已证明了他的学说是正确的。以下将讲述商朝和西周的兴亡史，亦将继续证明孟子的学说是正确的。

一　"天命玄鸟，降而生商"

西周时期，商朝的后裔微子启受周封、建

立宋国后，在祭祀祖先时，演奏了一些歌颂祖先功德的诗歌。其中有一组名《玄鸟》，后来收入《诗经·商颂》。诗中讲到商族的来源和兴起经过。诗曰：

天命玄鸟，降而生商。

宅殷土芒芒，古帝命武汤，正域彼四方。

这首脍炙人口的诗歌是说商族的始祖是玄鸟（燕子）所生，名叫契（xiè）。始祖为玄鸟或其他鸟类所生的传说，在东夷各族中广泛流传。鸟类是东夷各族的图腾。由此可以推知，商族为东夷的一支。《史记》卷三《殷本纪》也记载了这个故事。其中说，殷契的母亲叫简狄，是有娀氏的女儿，帝喾的次妃。一次，简狄等三人出外洗澡，看见“玄鸟”掉下一只蛋，简狄取来吞下，于是就怀孕生了契。契长大以后，辅佐禹治水有功，被分封到商，赐姓子氏。他生活在尧、舜、禹的时代，建功立业，为百姓所传颂。前文“导言”中所引“郯子论官”有云：“我高祖少皞挚之立也，凤鸟适至，故纪于鸟，为鸟师而鸟名。凤鸟氏，历正也。玄鸟氏，司分者也。”司马迁说契是帝喾的次妃所生，以玄鸟为图腾，并说帝喾“娶娵訾氏女，生挚。帝喾崩，而挚代立”（《史记·五帝本纪·帝喾》）。郯子又说“少皞挚”以玄鸟为图腾之一。不论二说中的“挚”是一人还是二人，他们都属于东夷，都以玄鸟为图腾，当是可信的。现代甲骨文专家胡厚宣教授在四十年前，用甲骨文资料证明，商族先公王亥的“亥”字上刻有一鸟形字画。他说：“王亥之亥而从鸟，乃商族以鸟为图腾之确证。”又说：“玄鸟是接受了上帝的命令来诞生商族的。”[①]玄鸟（燕子）在黄河流域是一种候鸟。随一年中季节的变化，春天自南方飞来，秋天又向南方飞去，与农事历极相吻合。古代农业民族奉玄鸟为神鸟，可以理解。郯子说：“凤鸟氏，历正也。玄鸟氏，司分者也。”历正是主历法之官；司分是主春分、秋分之官，与玄鸟春去秋来一致。此时商族正由母系氏族社会向父系氏族社会过渡。简狄是商族的女性始祖，契是商族的男性始祖。商人的主要生产和生活地区大约在今河南东部、山东西部、河北南部，西与夏朝的主要统治区为邻。

二　先商的宗法制

商的始祖契与夏禹为同一时代的人物，又曾同朝为帝舜的重臣，且受封于商。旧说夏人建国称帝，而商人仍停留在原始社会后期，直到商汤灭夏，才得以建国，似不合逻辑，也不合乎历史实际。按理推断，夏人建国时的商族应当也已进入阶级社会，至少是一个方国，已建立了早期的政治统治机构，有了比较稳定的疆域范围，也有都城。为与汤所建商朝有所区别，本书从学术界的通行做法，称汤以前之商为先商，称其君长为先公先王。

先商先公先王世系表[②]

（约前2070—约前1600）

（一）契—（二）昭明—（三）相土—（四）昌若—（五）曹圉—（六）冥（季）—（七）振（王亥）—（八）微（上甲）—（九）报丁—（十）报乙—（十一）报丙—（十二）主壬（示壬）—（十三）主癸（示癸）—（十四）天乙（大乙、唐）

1. 先商宗法制政权的基本情况

契在舜时，任司徒，主管民事。他在封国商建立了以早期宗法制为主干的政权制度，并世代传袭。《史记·殷本纪》曰："契卒，子昭明立。昭明卒，子相土立。相土卒，子昌若立。昌若卒，子曹圉立。曹圉卒，子冥立。冥卒，子振立。振卒，子微立。微卒，子报丁立。报丁卒，子报乙立。报乙卒，子报丙立。报丙卒，子主壬立。主壬卒，子主癸立。主癸卒，子天乙立，是为成汤。"自契起，至于成汤，凡十三传，共十四世。都是"父死子继"，无一或缺。这样的世代相袭的制度从血缘关系来说，宗统已经形成；从政治制度来说，君统也已形成。所以说，先商不仅存在着国家政权，其政治制度也已相当明确，比夏朝的制度并不落后。

2. 先商政权存在的可信性

司马迁所记先商先公先王的世系及王位世袭相当明确具体。可是由于年代久远，又无其他可信的史料流传佐证，因之到了近现代，学术界多持怀疑的态度，甚至认为不可信。近代学者王国维先生对他所见到的商代甲骨文资料进行了深入的研究，写成《殷卜辞中所见先公先王考》与《殷卜辞中所见先公先王续考》二文，对《殷本纪》中所开列的先公先王及其世系一一对照考证，所得结果，除个别人名有疑问，大多数人名及其世系都得到证实，从而做出了“《史记》之为实录，且得于今日证之”的结论。[③]至此，学术界对于《史记》所记先商先公的世系基本确信。这是王国维为殷商史研究做出的一大贡献。可是王国维定义的宗法制度有些过高过大，在他的眼中，宗法制应包括当时所有的政治、礼仪、宗亲、风俗等主要制度和习惯，在一切尚称简陋的先商乃至商朝，不会产生宗法制度。他认为只有西周周公制定的宗法制度才是宗法制度。这未免过于偏颇和片面，也不符合历史事实。

3. 天干庙号制的产生是政治文明的进步

用庙祭先祖由来甚早，商族至晚始于祀契之时。但直至第七代祖振时，尚未见以天干名庙号之事。直至第八代祖上甲微时，以天干名庙号之事始见，而且后代因之，成为定制。此制的出现对先商的名号制度来说，是一个重要的创造，也是一个进步。王国维也肯定了此事。他说：“上甲以降皆以日名，是商人数先公当自上甲始。”[④]但是对于天干由何而来，历代学者的解说并不一致。如三国蜀之谯周和西晋之皇甫谧两人之说就有很大的不同。据唐代司马贞在《史记·殷本纪》“子微立”条索隐中的引文，皇甫谧认为，商代先公微的字叫上甲，这是因为他出生在甲日。此后形成习惯，“商家生子，以日为名”。谯周则认为“甲”是微死后的庙号。近年，白钢主编《中国政治制度史》中有更明确具体的论述：“（商朝）每位王死后，都要选择甲乙丙丁等十天干中的一天干为名，称为‘庙号’，如大乙、大丁、外丙、中壬等的乙、丁、丙、壬即是庙号。庙号也是祭日，即在这一天干举行祭祀该王的典礼。庙号的产生是死后通过占卜选择决定的。后世子孙占卜得到的庙号天干若有与其先祖相同者，则在天干字前加区别字，如从汤到纣的三十一王中，卜得以‘甲’为庙号者的六位，于是在庙号干名前加区别字，分别称为大甲、小甲、河直甲（戋甲）、沃甲（羌甲）、阳甲、祖甲，这样就不至于相混。”[⑤]所论虽为商朝，但先商的情况也是如此。如《殷本纪》载：“微卒，子报丁立。报丁卒，子报乙立。报乙卒，子报丙立。报丙卒，子主壬立。主壬卒，子主癸立。主癸卒，子天乙立，是为成汤。”由此可以看出，谯周之说是合于先商制度的。

三　商汤灭夏的进步意义

商自契受封之后，可能由于地处黄河下游，水灾不断，据说自契至汤曾八迁其国都。至汤时，又迁回故都亳（今河南濮阳）。汤是一位勤于政事的君主，又重用贤人，国土虽小，人口不多，但政令畅行，人民拥护。《淮南子·修务训》曰："汤夙兴夜寐，以致聪明；轻赋薄敛，以宽民氓；布德施惠，以振困穷；吊死问疾，以养孤孀；百姓亲附，政令流行。"汤不仅受到本国人民的拥护，也受到邻国及遭受夏桀欺压的各个部落、方国的爱戴。他在伐夏时，受到普遍欢迎。他伐夏是从灭夏之盟国葛（今河南宁陵东北）开始的，继之又灭韦（今河南安阳滑县东南）、顾（今河南濮阳范县）和昆吾（今河南许昌）等。各国人民都盼望商军早些前来，以获得解放。其期待迫切之情，"若大旱之望云霓"。商军纪律严明，秋毫无犯，"归市者不止，耕者不变"。孟子评论商汤伐夏桀的战争是："诛其君而吊其民。若时雨降，民大悦。"（《孟子·梁惠王下》）

商之灭夏，是中国古代历史上发生的第一次王朝更替，影响极大。历代的不少政治家和学者，都曾对此事件进行过检讨。议论虽多，但总离不开“民惟邦本，本固邦宁”（《尚书·夏书·五子之歌》）这句老话。此话是民本政治的理论核心。《管子·轻重甲》记载了春秋前期两位大政治家齐桓公和管仲就商汤灭夏一事进行的讨论。齐桓公问管仲：“夫汤以七十里之薄，兼桀之天下，其故何也？”管仲回答说：夏桀冬天不让在河上架桥，夏天不让在河里渡筏，以观看人们受冻被淹为乐。他还把母老虎放到街市上，观看人们惊骇的样子，以此取乐。汤则不然，他收贮蔬菜和粮食，救助贫寒的人们。因此“天下归汤若流水”。这就是桀失去天下的原因。

四　商朝的政治制度

汤在灭夏之初，确实存在着一个“以七十里之薄，兼有桀之天下”的大问题。就是说“桀之天下”对于当时的商，是超负荷的。不仅这样，“桀之天下”是一个破烂摊子，商之灭夏，面临着百废待兴的局面。以往的研究观点，将汤灭夏以前的商定位为原始社会末期，或谓之氏族公社时期，这是难以自圆其说的，也不符合历史实际。本书认为此时的商已是社会经济相当发展、各项制度相当完备的早期国家。所以商之代夏，虽有很多艰难，但总的说来，还是有比较好的条件继承夏朝已有的事业的。《论语·为政》记载孔子的话说：“殷因于夏礼，所损益可知也。”可见商汤将先商已有的文化与夏朝的优秀文化结合，形成了新的、自己的文化传统。

商朝王系表

（约前1600—约前1046年）

（一）大乙汤—（太丁）—（四）太甲—（五）沃丁
（二）外丙
（三）中壬
（六）太庚
（七）小甲
（八）雍己
（九）太戊—（十）中（仲）丁
（十一）外壬
（十二）河亶甲—（十三）祖乙
（十四）祖辛—（十六）祖丁—（十八）阳甲
（十五）沃甲—（十七）南庚
（十九）盘庚
（二十）小辛
（二十一）小乙
（二十二）武丁—（二十三）祖庚
（二十四）祖甲—（二十五）廪辛
（二十六）庚丁
（二十七）武乙—（二十八）太（文）丁—（二十九）帝乙
（三十）帝辛（纣）

1. 以“父死子继”为主、“兄终弟及”为辅的王位世袭制度

商朝所行王位世袭制比夏朝和先商又有新的发展，而且也更严密，也就是说使宗统和君统有了更紧密、更明确的结合。其基本特点就是以“父死子继”为主，以“兄终弟及”为辅；子以“嫡”为主，弟以“长”为先。如《史记·殷本纪》记载：“汤崩，太子太丁未立而卒，于是乃立太丁之弟外丙，是为帝外丙。帝外丙即位三年，崩，立外丙之弟中壬，是为帝中壬。帝中壬即位四年，崩，伊尹乃立太丁之子太甲。太甲，成汤嫡长孙也，是为帝太甲。”又曰：“帝沃甲崩，立沃甲兄祖辛之子祖丁，是为帝祖丁。”此为传侄，但其后却传回至原嫡系。“帝祖丁崩，立（其父祖辛之）弟沃甲之子南庚，是为帝南庚。帝南庚崩，立帝祖丁之子阳甲，是为帝阳甲。”此为传位给三服之侄，但也是传回至原嫡系。司马迁虽同意回传至嫡系，但对血缘过远而回传，也持批判态度，因此在《殷本纪》里总结说：“自中丁以来，废嫡而更立诸弟子，弟子或争相代立，比九世乱，于是诸侯莫朝。”《殷本

纪》记商之最后五代王位的承袭更加具体。文曰："帝庚丁崩，子帝武乙立。……武乙震死，子帝太丁立。帝太丁崩，子帝乙立。……帝乙长子曰微子启，启母贱，不得嗣。少子辛，辛母正后，辛为嗣。帝乙崩，子辛立，是为帝辛，天下谓之纣。"白钢主编《中国政治制度史》是支持司马迁的观点的。其中说："商代王位继承制度虽然有弟及现象，但其主干仍是以传长为常法。但无论如何，王位都在前王之子（或孙）中传袭，王位由子姓的商朝王族一家独占的王权世袭制已经确立。"[⑥]

2. 以"兄终弟及"为主、"父死子继"为辅说不可信

王国维认为，商朝没有"嫡庶之制"，只有君统，没有宗统。他说："商之继统法，以弟及为主，而以子继辅之，无弟然后传子。自汤至于帝辛二十九帝中，以弟继兄者凡十四帝。（原注：此据《史记·殷本纪》。若据《三代世表》及《汉书·古今人表》则得十五帝。）其传子者，亦多传弟之子，而罕传兄之子，盖周时以嫡庶长幼为贵贱之制，商无有也。"[⑦]王国维的这

一观点是根据他对《殷本纪》所统计的数字得出的，就是“以弟继兄者凡十四帝”。可是我统计的数字与之有出入，是弟继兄者为十三帝，子继父者为十六帝，其中包括了回传原嫡系侄者三例。王国维又说：“若据《三代世表》及《汉书·古今人表》则得十五帝。”此说亦不可信。因为根据《三代世表》的原文，传子者十五人，传弟者十四人，但其中误子为弟者两处。一曰：“帝外丙，汤太子太丁早卒，故立次弟外丙。”是谓商汤因太子早卒而立次子，并非太丁立弟。二曰：“帝小甲，太庚弟。”此处误，小甲是太庚之子，有《殷本纪》为证。文曰：“帝太庚崩，子帝小甲立。”经校正，《三代世表》所载，应为传子者十七人，传弟者十二人，共传帝二十九人。经反复测算，一直未能得出王国维“十五帝”的结论。再检《古今人表》，传子者十五人，传弟者十四人，其中误子为弟者三处。一曰：“外丙，太丁弟。”此误同于《三代世表》。二曰：“中丁，太戊弟。”三曰：“祖乙，河亶甲弟。”皆误子为弟。《殷本纪》曰：“帝太戊……诸侯归之，称中宗。中宗崩，子帝中丁立。”又云：“河亶甲崩，子帝祖乙立。”

可证。《古今人表》中亦有误弟为子者一处，曰：“小辛，盘庚子。”《殷本纪》则曰：“帝盘庚崩，弟小辛立，是为帝小辛。”经校正，《古今人表》所载，应为传子者十七人，传弟者十二人，共传帝二十九人，与《三代世表》同。经反复测算，亦未能得出王国维所得出的“十五帝”的结论。至此，《殷本纪》《三代世表》《古今人表》三者所载经校正后，可以毫无疑义地证明：商朝所行的“宗统”与“君统”相结合的王位世袭制是以“父死子继”为主、“兄终弟及”为辅为基本原则。王国维见“弟”即收入“弟继”之中的统计方法失于考察。

王国维所说的“其传子者，亦多传弟之子，则罕传兄之子”，也是一种怪说。此说来自司马迁，但却失于详考，曲解了司马迁的原意，用以强化他的“以弟及为主，而以子继辅之，无弟然后传子”之说。司马迁原谓：“自中丁以来，废嫡而更立诸弟子，弟子或争相代立，比九世乱，于是诸侯莫朝。”在这个时段中，虽有“比九世乱”，但如归故于“废嫡而更立诸弟子，弟子或争相代立”，似乎不符合史实，因为并无此类事发生。我认为“诸弟子”和“弟子”都衍一

"子"字，原文应作"废嫡而更立诸弟，弟或争相代立"。这样，基本上符合当时的史实。不管原文是否有衍字，都无助于强化王国维之说。尤其所谓"多传弟之子"之说，更无史实根据。在司马迁所说的"比九世乱"中，只有"帝祖丁崩，立弟沃甲之子南庚，是为帝南庚"。可是沃甲并非祖丁之弟，而是他的叔父。南庚并非祖丁之侄，而是他的堂兄弟，王国维所谓的"多传弟之子"，是指"兄终弟及"之弟传位给自己的嫡子。这是宗法制的正常情况，无须指责。

3. 中央政权体制

商汤灭夏之后，一再向商人和夏人以及各方国部族宣告，他是"替天行道"的，他将继承夏禹的事业以统治天下。《尚书·商书·仲虺之诰》记载商汤的讲话说："天乃锡王勇智，表正万邦，缵禹旧服，兹率厥典，奉若天命。"又曰："惟天生民有欲，无主乃乱。"

商汤所建政权，基本上以夏朝为模式，分中央和地方两大部分。靠近邦畿的部分称作内服。内服之外，称作外服。内服主要为供职于中央之官。《尚书·周书·酒诰》曰："越在内服：百僚庶尹、惟亚、惟服、宗工。”这些官名亦见于甲骨文。文献记载，商朝在中央设相，也称冢宰、宰相，是国王的主要助手，也是百官之长，无所不统。同书《商书·伊训》曰：“百官总已，以听冢宰。”商朝的名相很多，伊尹是最早也是最著名的一位，出身于奴隶，作为有莘氏女的陪嫁之奴到商汤身边，受到重用。他协助商汤灭夏，立有大功，当了宰相。后辅佐外丙、仲壬、太甲三王，为商朝的政治、经济、文化的建设和发展奠定了基础。商汤曾将伊尹比作国家的“良医”“善药”（《墨子·贵义》），评价极高。与伊尹同时的还有仲虺，伊尹为右相，他为左相，是一位道德高尚的学者，也是一位战略家。商朝后期的名相有傅说，也是奴隶出身，曾从事版筑劳动。《墨子·尚贤下》记载：“昔者傅说，居北海之洲，圜土之上，衣褐带索，庸筑于傅岩之城。武丁得而举之，立为三公，使之接天下之政，而治天下之民。”

相以下，有卿士、三公等官，可能都是高官的荣誉虚衔。执事官有帅、史、卜、祝、臣、小臣、百工等，分掌天文、历法、占卜、祭祀、农事、手工及文化、经济等庶政。武官有师、马、多马、射、多射等，主军队、车马、射击等武事。军队的编制有师、旅、行等。师为最高军事单位，旅次之，行又次之。各级都分右、中、左三部。在甲骨文中有“乍三师：右、中、左”的记载，又有“右旅”“王旅”“左旅”“东行”“中行”“上行”等名称。商王一次可出兵三千或五千人，多时达一万三千人，有步兵，也有车兵。士兵主要由平民充当，也有奴隶。

主要官吏都由贵族或氏族、部落首领充当，以封国或采邑为俸禄，多世代相袭，是“世卿世禄”制（又称“世官世禄”制）的早期形态。

4. 地方统治体制

商朝的地方统治体制相沿于夏朝，有所发展和改善。《尚书·周书·酒诰》曰：“越在外服：侯、甸、男、卫、邦伯。”亦称作五服，此五服与周之五服虽在名称上有所不同，但其范围和对商王承担的义务基本相同。在这个区域内，有许多原生的氏族、部落或方国、部族，也有一些商朝的贵族或古帝王后裔分布其间。《吕氏春秋·离俗览·用民》曰：“当禹之时，天下万国，至于汤而三千余国。”国家少了，但国家的规模和人口却大而多了，这是不断发展、不断兼并的结果。这些方国或部落的名称能保留下来的极少。《史记·殷本纪》曰：“契为子姓，其后分封，以国为姓，有殷氏、来氏、宋氏、空桐氏、稚氏、北殷氏、目夷氏。”司马贞《史记索隐》云：“（稚氏）《系本》作‘髦氏’。又有时氏、萧氏、黎氏。然北殷氏盖秦宁公所伐亳王，汤之后也。”这都是同姓诸侯。文献还记有蒲姑、九侯、鄂侯、崇侯、恶来、豕韦等诸侯，都与商有较密切的关系。远在西北和西南地区的有荆蛮、庸、蜀、羌、髳、微、卢、彭、濮及氐等族。《尚书·周书·牧誓》载：“王（周武王）曰：嗟我友邦冢君……及庸、蜀、羌、髳、微、卢、彭、濮人。”《诗经·商颂·殷武》曰：“昔有成汤，自彼氐、羌，莫敢不来享，莫敢不来王。曰商是常。”见于甲骨文的，还有杞、㠱、土、盂、归等方国。这些诸侯、部落或方国与商王的关系有亲有疏，有贡纳关系，有时亦发生对立，乃至战争。

五　土地国有制与赋税用“助”法

1. 井田制的产生

商朝建立后，亦行用土地国有制。在五服之侯、甸地区，征收赋税，主要征收粮食税。自国王至于诸侯、贵族等，把耕地分配给农家耕种，农家为奴隶身份。田地分为公田和私田两类，公田由农家代耕，收获物归田地的所有者或占有者；私田由农家自种自收。这是一种劳役地租形态，或称之为代役租制。这种田地的经营方式在历史上称作井田制，而且说只有西周时期实行这种制度。实际上商朝已经实行这种制度，而且见于文献和甲骨文。文献中最早的记载，如《尚书·商书·盘庚上》曰：“若农服田力穑，乃亦收秋。”又曰：“惰农自安，不昏作劳，不服田亩，越其罔有黍、稷。”在甲骨文中，还有商王向上天祈祷丰收的记录，如“王大令众人曰协田！其受年”，“北土受年，西土受年，南土受年，东土受年”。[⑧]当然仅仅从这些资料上还看不出是否有井田制存在。但证诸甲骨文，井田之制应是存在的。如郭沫若所说：“殷代是在用井田方式来从事农业生产的，这从甲骨文字中的一些象形文字可以得到证明。例如在卜辞中常见的田字就是一个方块田的图画，殷代必然有四方四正的方块田，才能产生得出那样四方四正、规整划分的象形文的田字。其在周代是以一田为一个单位计算的，可以证明一个田必有一定的亩积。……殷人的田也必有一定的亩积。”他还举出甲骨文的实例：

已巳、王⿰目刂（锄），坙囲。（《殷契粹编》一二二一片）

甲子、贞于下尸刖坙囲。〔甲〕子、贞于□方坙囯。（同上一二二三片）

王令×坙囯。（同上一二二二片）

王令坙囲囯。（同上一五四四片）⑨

郭沫若用实物论证了井田制在商朝已经存在。

2. “殷人七十而助”

孟子对商朝的井田制讲得更加具体，而且也讲到了税制。关于此事，前文第二章在讲夏朝的土地所有制与赋税制度时已有所涉及。如所引

《孟子·滕文公上》曰：“夏后氏五十而贡，殷人七十而助，周人百亩而彻，其实皆什一也。”孟子在这里肯定了夏之贡法、殷之助法、周之彻法都是实行劳役地租，而且其税额“皆什一也”。但就夏和商来说，其税制有两点并不相同。其一，授田的数量不同。夏朝每户授五十亩，行什一之税，税田为五亩。商朝每户授田七十亩，行什一之税，税田为七亩。授田数量不同，没有性质上的差别，因之问题并不很大。其二，所行税不同。夏朝的贡法是行定租制，其定租数量是“校数岁之中以为常”。农民虽以什一之名代耕公田，但却不以什一之收获纳租，而是按照数年的平均产量缴纳。对农民来说，是风雨不误；对官家来说，是旱涝保收。而商朝的助法则不同，是行分租制，不仅其代耕公田的数量相当于其所耕公私田总数的什一，就是每年所纳地租的数量，也约相当于农家所收公私田总产量的什一。其绝对数值因“乐岁”或“凶年”有所升降。这种税制对农民来说，优于贡法。所以孟子在介绍了这两种税法之后，引贤人龙子的话评论说：“治地莫善于助，莫不善于贡。”因为贡法是比较若干年的收成得出一个平均数，作为统一的征收标准。丰年不多收，荒年也不少收，对农民来说很不合理。统治者号称民众的父母，使民众整年辛勤劳动，结果却养活不了自己的父母，还得去借高利贷来凑足税额，以致一家老小抛尸露骨于田野山沟之中，“恶在其为民父母也？”龙子的这段评论也许是一种推论，但行贡法确实不如行助法，商人行助法，是租税制的一大进步，也是农业生产关系的一大改善，这是应当肯定的。

六　商朝由盛而衰的基本情况

商朝自汤建国至纣（帝辛）亡国，共历三十帝，十七代，二十九传，历时四百九十六年。其间有治有乱，有盛有衰。就政治因素来说，当时还是人治为主的时代，帝王的个人品德起着重要的作用。但是制衡制度已经有所萌芽。有了制衡制度，忠贞耿直的臣僚才有可能真正发挥其辅弼的作用。依据商朝治乱盛衰，其历史可划分为四个阶段。

1. 商汤创业，举步维艰

商汤灭夏之初，虽然已有相当的治国经验，

而且也因顺应潮流，夺得天下，受到人民群众和各诸侯国的欢迎，可是毕竟是以一个小国之君继承了一个极大的破烂摊子，所面临的问题很多，有的还很严重。所以他一再发布文告，要百官、诸侯们“有功于民，勤力乃事”。有违政令的，轻者治罪，重者夺削国邑。他还“改正朔，易服色，上白，朝会以昼”（《史记·殷本纪》）。“正”谓一年的开始，“朔”谓一月之初。汤改夏朝建寅（以农历正月为岁首）制为商朝建丑（十二月为岁首）制，表示夏的正统已经废除，商的正统已经确立。（《礼记·大传》）孔颖达疏：“改正朔者，正谓年始，朔谓月初。言王者得改，示从我始，改故用新，随寅、丑、子所损也。……易服色者，服色车马也。易之谓各随所尚赤、白、黑也。”“改正朔，易服色”是树立“从我开始”的政治思想的标志。

汤在位十三年，太子太丁先他去世。所以汤去世后，次子外丙继位。外丙三年又去世，外丙弟中壬继位。中壬四年又去世，由大臣伊尹主导，回立前太子太丁之子太甲，太甲是汤的嫡长孙。但太甲年轻，需要培育，伊尹以元老冢宰师傅之尊，自觉地担负起了辅佐匡弼的重任。在太甲继位时，他发布《伊训》《肆命》《徂后》等文告，以教导、训诫国君太甲和百官、诸侯。《伊训》曰：“伊尹乃明言烈祖（汤）之成德，以训于王。”训勉他们要谨守祖业。严禁“三风”（巫风、淫风、乱风）。犯其一者，卿士灭家，邦君亡国，臣下匡正不力者处以黥刑或处死。《肆命》和《徂后》两篇重申汤之所立“政教”和“法度”。[⑩]

可是太甲即位之初，表现极不好，“暴虐，不尊汤法，乱德”。伊尹为了对太甲严加管教，大胆而坚决地将太甲流放到了遥远的离宫——桐宫，自己代行国王的大权。事过三年，太甲果然反省自责，改过向善。伊尹又迎他回朝还政。《史记·殷本纪》说：“帝太甲修德，诸侯咸归殷，百姓以宁。”伊尹也很高兴，为了赞美太甲，作文告三篇，称作《太甲》上、中、下，历述太甲初立、流放至后来回归复政之事，要太甲永志不忘。太甲复政后，伊尹以年老退休。行前，又作《咸有一德》一文，告诫太甲和朝臣，要做到“君臣皆有纯一之德”，要行德政于民。文章结合夏亡商兴的历史实际曰：“非天私我有商，惟天佑于一德；非商求于下民，惟民归于一德。”国君要做到“任官惟贤材，左右惟其人。臣为上为德，为下为民”。文章最后说：“德无常师，主善为师；善无常主，协于克一。”此文把政治与道德联系在一起，使暴力一元政治观发展为以暴力为手段、以道德为灵魂的二元一体政治观，这是政治理性觉醒的开始，也是统治阶级觉悟到要行德政、仁政的开始，开后代民本政治的先河。太甲去世，伊尹等为太甲立庙，称太宗，以褒扬太甲之德政。伊尹去世，帝沃丁用天子之礼安葬，以彰显他的丰功伟绩。

2.“比九世乱，诸侯莫朝”

伊尹和沃丁相继去世，商朝一度衰弱。太戊继位，用伊尹之子伊陟为相，大修德政，改善吏治。“殷复兴，故称中宗。”可是中宗去世，他的儿子中丁继位，商朝从此陷入了混乱的时期。关于混乱的原因，司马迁是这样说的：“自中丁以来，废嫡而更立诸弟子，弟子或争相代立，比九世乱，于是诸侯莫朝。”此时有一个重要情况值得关注，就是迁都频繁。如商之第七世中丁，自亳迁嚣（今河南荥阳东北）；第十二世河亶甲，自嚣迁相（今河南内黄东南）；第十三世祖乙，自相迁邢（今河北邢台）；第十七世南庚自邢迁奄（今山东曲阜东）。史载商朝自汤至盘庚，共二百余年，迁都五次。而这九世之中就占了其中的四次。迁都如此频繁是否都是争夺王位引起的，还是由于其他的原因，例如水灾等，不得而知。看来迁至新都而长久居留的并不多，只有祖乙迁邢，似乎情况较好，有巫贤任相，“殷复兴”。此时一再迁都的原因值得研究。至阳甲时，殷的国力大衰是事实。

3. 盘庚迁殷，武丁复兴

阳甲去世，其弟盘庚继位，决定再迁都于殷（今河南安阳小屯一带）。盘庚迁都的原因，学术界比较关注，也有所讨论。主要有三说：一，避水患；二，摆脱已染奢侈腐化之风的生活环境；三，解决王族内部斗争的需要。三说各有道理。比较而言，第三说更合理一些。当时盘庚主张迁殷，遭到许多贵族、官员的反对，人民群众也有不少反对或思想不通者。迁殷成功之后，又有不少人抱怨。盘庚为此曾发布了三篇文告，收在《尚书》中，名《盘庚》上、中、下三篇。其中向“邦伯、师长、百执事之人”讲述当年

“高后成汤与尔之先祖俱定天下”（《史记·殷本纪》）之不易，要他们遵守先辈创行的法令制度，听从盘庚的命令，认清自己的职责，小心做好自己分内的事，不要胡说八道。如果违背命令，就要严惩不贷。盘庚软硬兼施，迁殷之后的社会秩序逐步安定下来。《史记·殷本纪》评论曰：“（盘庚）行汤之政，然后百姓由宁，殷道复兴。诸侯来朝，以其遵成汤之德也。”商自这次迁殷之后，直到纣王灭亡，历二百七十余年未再迁都。

盘庚去世后，他的两位弟弟相继即位，都不久便去世，二弟小乙之子武丁即位。小乙在武丁的少年时代即重视对他的培养，曾让武丁到民间参加农业劳动，与劳动人民一起生活。武丁即位之后，想大干一番事业，想复兴先祖成汤那样的隆盛王朝。他首先到民间私访，一方面体察民情，另一方面也在寻觅贤人入朝为官。他访得正在为人筑路的傅说，请他入朝为相。武丁“修政行德，天下咸欢，殷道复兴”（《史记·殷本纪》）。他积极开疆拓土，对附近的方国、部族进行过多次战争。这些方国或部族见于甲骨文的有土方、𢀛方、夷方、马方、龙方、鬼方、羌方等。鬼方在商之北境，比较强大。文献多处讲到武丁伐鬼方之事。《周易·既济·九三》曰：“高宗（武丁）伐鬼方，三年克之。”武丁还伐远方的荆蛮、氐羌等。如《诗经·商颂·殷武》曰：“维女荆楚，居国南乡。昔有成汤，自彼氐羌，莫敢不来享，莫敢不来王。曰商是常。”武丁对外战争动用的兵力很多，或三千人，或五千人，最多时达到一万三千人。关于武丁时的疆域，《诗经·商颂·玄鸟》有云：“邦畿千里，维民所止，肇域彼四海。”“四海”当是指今天东边的黄海，西边的青海湖，南边的云梦泽（今洞庭湖一带），北边的渤海。《汉书》卷六四下《贾捐之传》载西汉政论家贾捐之的话说：“武丁、成王，殷、周之大仁也。然地东不过江、黄，西不过氐、羌，南不过蛮荆，北不过朔方。”两说基本接近。武丁去世后，王室和大臣们为了表彰武丁一生的功德，为他立庙祭祀，尊号为“高宗”。还作《高宗肜日》等文来纪念他。

七　商纣无道，周武王伐而代之

商朝毕竟是奴隶制社会，虽曾出现过几位圣

君贤相，代表了社会发展进步的一面，提出并注意推行德政，有利于社会的进步和人民生活的改善，但它的保守反动的一面始终存在，并且有时是严重的。在昏君主政时期及商后期，情况尤其如此。

1. 商朝后期的黑暗腐朽

商朝统治集团在政治和生活上日益黑暗腐朽的情况，大约在武丁后期已经开始了。《国语·周语下》曰：“（武丁之子）帝甲乱之，七世而殒。”[11]此说与《史记·殷本纪》所载完全一致。帝甲是武丁之次子祖甲，他继兄祖庚之位，称帝甲。“帝甲淫乱，殷复衰。”此后几代商王，好逸恶劳，贪于享乐。《尚书·周书·无逸》曰：商之王族，“不闻小人之劳，惟耽乐之从”。如祖甲之孙“帝武乙无道，为偶人，谓之天神。……为革囊，盛血，印而射之，命曰‘射天’。……殷益衰”（《史记·殷本纪》）。考古发掘所得资料揭露的情况更加真实具体，也更加残酷。最突出的事例是用人祭祖、祭天，用人殉葬。据甲骨文记载，商王用于人祭的奴隶，一次多达数十人或数百人，最多达五百人。有砍头，有焚烧，有宰割，也有活埋的。甲骨文所记“烄妾”，就是用火烧女奴以求雨；“沉妾”，就是把女奴投入水中以祭神；“伐羌”，就是杀死羌奴（羌人被俘为奴者）以祭祖。在甲骨文中有用人做祭品的记载，其中记有用人数量的为一千九百九十二条，共用一万三千零五十二人；未记用人数量的一千一百四十五条，所用人数无从统计。用人殉葬简称人殉，是用奴隶为奴隶主贵族殉葬。在考古发掘中发现，很多奴隶主贵族的墓葬都有殉人，少的殉一二人，多的有数十人至两三百人，最多的一个达到四百多人。著名的武官村大墓是在今安阳市武官村发现的商王陵墓，仅在墓室与墓道内的殉人就有七十九人。

在殷（安阳）地区时间较早、保存完好、具有典型性的帝王级陵墓是武丁的爱妃妇好的陵墓，此陵是1976年被发现并发掘的。陵位于小屯村附近，陵中殉人十五名，有男有女，还有小孩。殉葬品超过一千四百件，其中仅青铜器一项就有四百多件。两件大方鼎，通高八十二公分。此外，还有大量玉石器、牙雕等珍贵物品。这些物品都是通过对奴隶们进行残酷剥削和奴役得来的。[12]

2. 商纣王的暴虐统治及其败亡

商纣王是历史上与夏桀齐名的暴君。文献记载，他天资聪颖，思维敏捷，体壮力大，能徒手搏斗猛兽。可是他自即位以来，自恃聪明，文过饰非，好酒色，喜欢玩乐，唯爱妃的言论是从，对劳动人民却进行残酷的剥削和统治。《史记·殷本纪》曰："（纣王）厚赋税以实鹿台之钱，而盈钜桥之粟。益收狗马奇物，充仞宫室。益广沙丘苑台（在今河北广宗县西北大平台），多取野兽飞鸟置其中。慢于鬼神。大取乐戏于沙丘，以酒为池，悬肉为林，使男女裸相逐其间，为长夜之饮。"不仅商纣王如此，许多大小贵族也沉湎于酒色，疯狂剥削广大奴隶和平民群众，使奴隶主与奴隶之间、贵族与平民之间的矛盾日益激化。成批的奴隶逃亡，大量的平民流浪，甚至平民与奴隶们联合起来，反抗奴隶主贵族。《尚书·商书·微子》曰："殷其弗或乱正四方……小民方兴，相为敌仇。"《诗经·大雅·荡》曰："如女殷商，如蜩如螗，如沸如羹。"奴隶们和破产平民们的反抗斗争日益激烈。

商朝末年的对外战争并未因国内矛盾加剧而停止。纣王之父帝乙曾亲率军队征伐夷方长达两年之久。纣王即位，对夷方的用兵规模更加扩大，几乎将国内的青壮年都征发往前线作战，国内的阶级矛盾更加激烈。

纣王为了镇压人民的反抗，更加强其暴力统治，用严刑酷法及炮烙之刑惩治反对他的人。诸侯中的九侯、鄂侯、西伯姬昌（后来的周文王）本来都是属于他的方国或诸侯，曾因受到他的信任和倚重，被封为三公或方伯。后纣王又因对此三人不满，将九侯、鄂侯杀死，将西伯囚禁于羑里（今河南汤阴北），后又释放。纣王对王室贵族持不同政见者也进行残酷打击。他的叔父比干任少师，因劝谏而被剖心致死。另一位叔父箕子任太师，也因劝谏而遭囚禁。他的庶兄微子启因劝谏无果而逃跑。原有的亲信大臣，或被杀，或逃跑。纣王已到了众叛亲离、内外交困的地步。这时有人警告他：他的统治已岌岌可危了。可是他仍然坚持顽固的立场，回答说："我生不有命在天乎！"原来忠于纣王的贤臣祖伊听了这话叹息曰："纣不可谏矣。"

西伯姬昌自被纣王放回之后，作为周的国

君，积极积蓄力量准备灭商。许多对商纣王不满的诸侯，也叛商而与周联合。不久，姬昌去世，他的儿子姬发继位，就联合反商诸侯发动了灭商的战争，出兵直指商都。商朝这时国内空虚，连忙从东南前线调回部分军队，其中包括了相当多的夷人俘虏。这些杂乱的军队在与周的联军作战时，大批与周军联合反商，即所谓“前徒倒戈”。商周双方的军队在商的陪都朝歌（今河南淇县）南部之牧野大战，商军大败，纣王逃到城中的鹿台，被周军包围。纣王身披珍宝玉衣，自焚而死。周武王手持大白旗指挥军队，又连向纣王自焚的火海射了三箭，用黄铜大钺斩下纣王的头颅，悬于旗杆上，宣布伐纣的战争胜利结束。这一年是公元前1046年。《史记·殷本纪》裴骃《史记集解》引《汲冢纪年》曰：“汤灭夏以至于受（纣）二十九王，用岁四百九十六年也。”商朝至此灭亡，我国历史上的奴隶社会也至此基本结束；西周王朝从此建立，它是我国封建社会开始的标志。

周武王灭商之后，在朝歌还做了一些善后的工作。他首先率领主要臣僚及众诸侯祭告“天皇上帝”，报告他的革命成功。文曰：“膺更大命，革殷，受天明命。”（《史记·周本纪》）善后之事主要有如下三项：

第一，封纣王之子武庚禄父为诸侯，地在邶（殷旧京畿的一部分，在今河南汤阴东南），管理商的遗民，“以续殷祀，令修行盘庚之政，殷民大悦”（《史记·殷本纪》）。又将武王之弟管叔封于鄘（殷旧京畿的另一部分，在今河南新乡西南），蔡叔封于卫（都于沫，殷旧京畿的另一部分，在今淇县），以监督武庚和殷遗民。《史记》卷四《周本纪》曰：“封商纣子禄父殷之余民。武王为殷初定未集，乃使其弟管叔鲜、蔡叔度相禄父治殷。”禄父，即武庚。照《汉书·地理志》的说法，武庚、管叔、蔡叔分治邶、鄘、卫，治理殷商遗民，号称“三监”。张守节《史记正义》引《帝王世纪》则说：“自殷都以东为卫，管叔监之；殷都以西为鄘，蔡叔监之；殷都以北为邶，霍叔监之。是为三监。”两说小有差异。

第二，释放箕子和被纣王囚禁的贵族、官员、百姓等。又修整比干之墓，以表彰忠贞。

第三，发放纣王聚敛的财宝和粮食，用以赈

济贫困的人。

周武王东伐商纣时，用车载着其父文王的灵位，自称太子发，率领百官、大军出发。在克商之后，以新建王朝的周天子之尊班师回到故都丰镐，发表文告《武成》，向世人宣告他的伐纣事业的成功。“武成”的意思，据《孔安国尚书传》的解释，就是“武功成，文事修”。

注释：

①胡厚宣：《甲骨文所见商族鸟图腾的新证据》，《文物》1977年第2期。又《甲骨文商族鸟图腾的遗迹》，《历史论丛》第一辑，1984年。

②本表系根据《史记·殷本纪》制作，括号中的人名见于王国维所据之甲骨文。又王氏提出，在王亥之后有“王恒”一名，本表未录。

③王国维：《观堂集林》卷九《史林》一，中华书局1959年版，第二册第410页。

④王国维：《殷卜辞中所见先公先王考》，《观堂集林》卷九《史林》一，第二册第423-424页。

⑤白钢：《中国政治制度史》，中国天津

人民出版社、新西兰霍兰德出版有限公司1991年版，第100页。

⑥白钢：《中国政治制度史》，第101页。

⑦王国维：《殷卜辞中所见先公先王考》，《观堂集林》卷九《史林》一，第二册第430页。

⑧《殷契粹编》第866片、第907片。

⑨郭沫若：《奴隶制时代》，科学出版社，1956年版，第6-7页。据郭沫若《殷契粹编》校，科学出版社，1965年。“𠛬”读若则。“坙”同圣，读若窟。

⑩《尚书·商书·伊训》曰：“成汤既没，太甲元年，伊尹作《伊训》《肆命》《徂后》。”《孔安国尚书传》：“凡三篇，其二亡。”谓《肆命》《徂后》亡佚。

⑪《国语·周语下》韦昭注：“帝甲，汤后二十五世也，乱汤之法，至纣七世而亡也。”《史记·殷本纪》曰：“帝武丁崩，子帝祖庚立。……帝祖庚崩，弟祖甲立，是为帝甲。帝甲淫乱，殷复衰。”祖甲（帝甲）至纣，为七世。据此，《国语》所言“帝甲”为《史记·殷本纪》所言武丁之次子祖甲（帝甲）无疑。

⑫中国社会科学院考古研究所安阳工作队：

《安阳殷墟五号墓的发掘》，《考古学报》1977年第2期。同期，王宇信等：《试论殷墟五号墓的妇好》。

第四章　西周王朝的封建领主制国家

周武王灭商之后，仍以原诸侯国的名称周为新的国家名称，国都仍在丰镐。至公元前771年，犬戎攻破丰镐，杀周幽王，一时丰镐地区大乱，太子宜臼在诸侯的帮助下，逃到东都雒邑（今河南洛阳），重建国家。史称原来建都丰镐之周为西周，后来建都雒邑（亦作洛邑）的周为东周。东周包括了春秋（前770—前403年）和战国（前403—前221年）两个时期。

关于西周的社会性质，学术界有不同意见。有人认为是奴隶制社会，也有人认为是封建领主制（农奴制）社会。本书采用后一说法。

西周先公先王世系表[1]

（一）后稷（弃）—（二）不窋—（三）鞠—（四）公刘—（五）庆节—（六）皇仆—（七）差弗—（八）毁隃—（九）公非—（十）高圉—（十一）亚圉—（十二）公叔祖类—（十三）古公亶父

古公亶父—（长子）太伯

古公亶父—（次子）仲雍（虞仲）

古公亶父—（十四）季历—（十五）文王昌

文王昌—伯邑

文王昌—（十六）武王发

一　公刘发迹至周朝建立

1. “厥初生民，时维姜嫄”

周族是中国远古时期最早兴起的三大部族之一。夏族亦称华或华夏，居于黄河中游地区。商族为东夷的一支，居于黄河下游地区。周族为戎狄的一支，居于黄河上游地区。三族兴起的年代约略相同。对比而言，夏族稍稍领先。《史记·殷本纪》曰：“（殷商之祖）契兴于唐、虞、大禹之际，功业著于百姓，百姓以平。”同书《周本纪》则曰：“（周之祖）后稷之兴，在陶唐、虞、夏之际，皆有令德。”《史记》虽曾追本溯源，说他们都是黄帝的后裔，但这是十分渺茫的故事，难以确证。从文献记载来看，三者各有族属关系。如商人述其族源的诗歌曰：“天命玄鸟，降而生商。”周人在西周时期，也有一组讲述周族起源的诗歌，名曰《生民》，载于《诗经·大雅》，脍炙人口。此诗共八章，第一章曰：

> 厥初生民，时维姜嫄（亦作原）。
>
> 生民如何？克禋克祀，以弗无子。
>
> 履帝武敏歆，攸介攸止，载震载夙，载生载育，时维后稷。

意思是说，周人的始祖后稷是姜嫄生的。姜嫄原来没有儿子。她叩拜上帝，驱走了恶神，因之怀孕，就生下了后稷。《史记·周本纪》综合《诗经》和各书，有更具体的论述。其中描写姜嫄生后稷的经过说：后稷的名字叫弃，他的母亲是有邰氏的女儿，叫姜嫄。姜嫄是帝喾的元妃。一次姜嫄到野外去，看到一个巨人的脚印，踩上去以后，很快体内震动，如同怀了孕一样，一年之后生下了儿子，也就是后稷。《周本纪》还讲了后稷出生之后的一些神话故事。如说姜嫄以为生的孩子不吉利，就把他丢到偏僻小巷之中，可是从那里走过的马牛都避开孩子不肯踏伤他。姜嫄把孩子丢到树林中，但林中的人太多。她又把孩子弃到水渠的冰上，可是天上飞来的大鸟用翅膀遮盖孩子。姜嫄看到这些奇异的情况，认为这个孩子一定是神人，才把他抱回家养了起来。因为孩子初生时一再想把他丢弃掉，就取名叫“弃”。

为什么后来人们叫弃为后稷呢？弃在幼儿时代，身体很健壮。在与同伴玩耍时，喜欢玩种树和种庄稼等游戏，而且他种的树或庄稼长得都很好。弃长大成人，是当地种田的能手，还懂得土壤知识，成为农民们学习的模范。后来帝尧得知，任命他为农师，指导农民生产，很有功效。帝舜继位，适逢荒年，舜又命他管理农业生产，渡过难关。因此舜“封弃于邰（今陕西武功西南），号曰后稷，别姓姬氏”（《史记·周本纪》）。这是周族发迹的开始。

2. 公刘居豳，太王迁岐

后稷死后，他的儿子不窋也在夏朝为农官，可是夏朝正遭政局混乱，不重视农业生产，不窋就率领族人逃到了戎狄等族的聚居区谋生活。至不窋之孙公刘时，周人不仅从事狩猎生产，还大力开垦田地，发展农业生产。《周本纪》记载：“公刘虽在戎狄之间，复修后稷之业，务耕种，行地宜，自漆、沮（两水在今陕西彬州、岐山县一带）度渭，取材用，行者有资，居者有畜积，民赖其庆。百姓怀之，多徙而保归焉。周道之兴自此始。”此时的周族以豳（今陕西旬邑）为都城，联合附近的氏族、部落，组成了有相当规模的部落联盟，大力发展农业和手工业生产，还组成了保卫本联盟的武装。西周初年，召康公为教育年轻的周成王，亲自编写了一组缅怀颂扬公刘美德的诗歌，题名《公刘》，共有六章，每章十句，每章的第一句为“笃公刘”，是思念公刘厚德之意，载于《诗经·大雅》。第一章如下：

笃公刘！匪居匪康。

乃埸乃疆，乃积乃仓，乃裹糇粮，于橐于囊。

思辑用光，弓矢斯张，干戈戚扬，爰方启行。

公刘死后，周族的事业虽有发展，可是周

围以狩猎为主的薰育、戎、狄等族不断来侵夺。至公刘的第九代孙古公亶父（太王）时，迫于压力，就率领族人离开豳向西南迁移，跋山涉水，迁到了岐山之下的小平原上，今称周原（今陕西岐山县东北）。豳地区的有关氏族、部落随之迁来的很多，岐山一带的居民也多来归从。《史记·周本纪》曰："古公乃贬戎狄之俗，而营筑城郭室屋，而邑别居之。作五官有司，民皆歌乐之，颂其德。"裴骃《史记集解》引徐广曰："分别而为邑落也。"这是改变原来自然杂居的状况，建立一定的社会管理秩序。又引《礼记》曰："天子之五官曰司徒、司马、司空、司士、司寇，典司五众。"郑玄注曰："此殷时制。"这说明了古公亶父之时，周族已在革除落后的习俗，接受先进的华夏文明，并开始建立国家机构。《诗经·鲁颂·閟宫》曰："后稷之孙，实维太王。居岐之阳，实始翦商。"郑玄笺云："翦，断也。太王自豳徙居岐阳，四方之民咸归往之。于时而有王迹，故云是始断商。"

古公亶父年老之时，周国发生了一个重大事件，就是古公的长子太伯与次子仲雍出走，让少子季历（王季）为嗣、继承父位之事。原来古公有三子，都很贤明。少子季历生子名昌，尤为聪慧仁德，为古公所喜爱，欲传位给季历，再传给昌。但碍于宗法传嫡长子之制，一时难定。“于是太伯、仲雍二人乃奔荆蛮，文身断发，示不可用，以避季历。”他们相继逃到今苏州一带，成为当地吴越族人的首领，后称吴国。《史记》卷三一《吴太伯世家》载：“太伯卒，无子，弟仲雍立，是为吴仲雍。……周武王克殷，求太伯、仲雍之后，得（仲雍曾孙）周章。周章已君吴，因而封之。”就这样，古公去世，季历继位，周国日益强大。此时商纣之祖父帝文（太）丁在位，对周极度猜疑，骗季历至商都，把他杀死。[②]季历之子姬昌即位，商封他为西伯。

3. 文王治岐

周文王即位以后，接受商的封号，为西伯，力行德政。《史记·周本纪》记载：“（文王）遵后稷、公刘之业，则古公、公季（季历）之法，笃仁，敬老，慈少。礼下贤者，日中不暇食以待士，士以此多归之。”当时，商的附属国，与周比邻的崇侯虎向商纣王进谗言曰：“西伯积善累德，诸侯皆向之，将不利于帝。”于是纣王将西伯召来商都，把他囚禁在羑里（今河南汤阴北）。西伯的大臣们向纣王多献美女和宝物，纣王才释放了西伯。为笼络西伯，“赐之弓矢斧钺，使西伯得征伐”。就是承认他为一方的伯（霸）主地位。但西伯自回国之后，励精图治，壮大国力，决心灭商。

据文献记载，西伯连年对外征伐，先后打败了西北方面的部落鬼戎、始呼之戎、翳徒之戎，清除了这些游牧部族的侵扰，巩固了周族在渭水中游的统治。又连年伐犬戎、密须（今甘肃灵台西南），败耆国（一作黎国，今山西长治西南）。灭崇侯虎之国，改崇国为丰邑，并将周之都城自岐下迁于丰邑。

据说西伯在位四十二年，“诸侯归西伯者四十余国，咸尊西伯为王”（《史记·周本纪》张守节正义）。就在这一年，西伯以天命所归为由，即王位。在王位九年后，迁都于丰邑。次年去世。文王治岐，被历代视为政治样板。《诗经·大雅·文王》称颂他说：“文王在上，于昭于天。周虽旧邦，其命维新。”《孟子·梁惠王下》云：“昔者，文王之治岐也，耕者九一，仕者世禄，关市讥而不征，泽梁无禁，罪人不孥。”孟子还举出文王施仁政的具体事例：“老而无妻曰鳏，老而无夫曰寡，老而无子曰独，幼而无父曰孤。此四者，天下之穷民而无告者。文王发政施仁，必先斯四者。”又说：“文王之囿方七十里，刍荛者往焉，雉兔者往焉，与民同之。”南宋大学者朱熹在《四书章句集注》中对上引文王所行仁政做了如下通俗易懂的解说：

> 九一者，井田之制也。方一里为一井，其田九百亩。中画井字，界为九区。一区之中，为田百亩。中百亩为公田，外八百亩为私田。八家各受私田百亩，而同养公田，是九分而税其一也。世禄者，先王之世，仕者之子孙皆教之，教之而成材则官之。如不足用，亦使之不失其禄。盖其先世尝有功德于民，故报之如此，忠厚之至也。关，谓道路之关；市，谓都邑之市。讥，察也。征，税也。关市之吏察异言之人，而不征商贾之税也。泽，谓潴水。梁，谓鱼梁。与民同利，不设禁也。孥，妻子也。恶恶止其身，不及妻子也。先王养民之政：导其妻子，使之养其老而恤其幼。不幸而有鳏寡孤

独之人，无父母妻子之养，则尤宜怜恤，故必以为先也。

周自古公亶父建国到文王时期，时长不过百年，其政治、经济、文化确实有巨大的发展。关于此事，今天考古发掘所得的实物已可做出相当有力的佐证。最突出的是1977年在岐山周原的考古大发现，在一组宫殿遗址中，出土了占卜用甲骨一万五千余片，其中有文字的为一百七十片，计五百八十余字，字数最多的一片有三十字。[③]字体有的较多用刚劲的直笔，有的较多用圆笔，契刻的技巧都很熟练。占卜事项也与商相同，为祭祀、征伐、田猎、祈年等。因当时周尚为商之诸侯国，也有记商王入周境田猎等书。如2号卜甲："衣王田至于帛。""衣王"可能就是殷王，帛是地名，在周境内。此外，在这里还发现了一批器物，内有铜镞、玉削、青釉硬陶豆及其他陶器等。此时的周族已掌握了铸造青铜的技术。

4. 武王伐纣，周公东征

周文王在位五十年，不仅他的国家长期受到商朝的欺凌，就是他的家族人等，也一再遭到商朝帝王的残害凌辱。如他的父亲季历即为商纣王之祖父帝文（太）丁所杀。他本人曾被商纣王囚于羑里。他的长子伯邑考在商做人质，被商纣王活活烹死。周文王对商纣王，国仇家恨集于一身。他灭商之志和决心从未忘记，而且一直在做准备。可是灭商毕竟要进行一场大战和恶战，需要条件，需要时机。直到他九十七岁时，这个志愿犹未实现。他怀着遗恨离开了人世。周武王服孝三年完毕，祭过文王的陵墓，带着文王的灵位，以太子姬发之名，率领大军伐纣，其灭商之决心可以想见。同时伐纣的，不仅有周军，至少凡是“西土”的诸侯都起兵相从。所以周武王在前线发表的誓师宣言一再讲到“西土君子”“西土有众”（《尚书·周书·泰誓》），还讲到“我友邦冢君、御事、司徒、司马、司空、亚旅、师氏、千夫长、百夫长，及庸、蜀、羌、髳、微、卢、彭、濮人，称尔戈，比尔干，立尔矛，予其誓”（《尚书·周书·牧誓》）。可见动员的范围极广，不限于西土。《史记·周本纪》称“诸侯不期而会盟津（亦作孟津，今河南孟州西南）者八百诸侯”。由于时机仍不成熟，周武王还是下令退兵。两年之后，商纣更加残暴，统治集团内部更加分崩离析，“杀王子比干，囚箕子，太师疵、少师彊抱其乐器而奔周”（《史记·殷本纪》）。周武王认为伐纣的时机已经成熟，就遍告各路诸侯起兵伐纣。周军有戎车三百乘，虎贲三千人，甲士四万五千人，由周武王亲自率领，协同的有姜太公、周公旦、召公奭等重要卿相将军。诸侯发来的兵士很多，战车四千乘，会集于牧野。商纣发兵七十万以抗拒周之联军。由于联军齐心作战，商军发生了兵变，即“前徒倒戈”，因而大败。商纣自焚而死，商朝灭亡。

周武王灭商之后，把商的京畿地区划分为三块，由纣王之子武庚领有一块，以管理商的遗民，又命武王的弟弟管叔和蔡叔各领一块，以监督武庚和商之遗民。他与姜太公和周公等匆匆回到镐京去了，这样的处理太粗糙，太不慎重。周武王回到镐京，向箕子询问商朝灭亡的经验教训。箕子对武王的垂询未做正面回答，他主要讲述了个人对治国的一些设想，后人将箕子所谈收入《尚书》，名曰《洪范》。武王还计划在洛水下游建一东都，以为王室控制东方的政治中心。另在其东的旧时商朝统治区及其盟国地区封立若干个诸侯国，以协助加强统治。不久武王病逝，太子诵年少，虽继王位，但不谙政事，由周公摄政当国。就在这时，管叔和蔡叔疑忌周公，与纣王之子武庚联合发动叛乱，并勾结淮夷和徐戎参加，一时东方大乱。周公以成王之命率军东征，历时三年平定了叛乱，杀武庚和管叔，流放蔡叔，建立了东都雒邑，名成周。还开始在东方实施大分封。

二　封诸侯，建藩卫，实行政治绥靖与文化包容政策

周成王时期大封诸侯，主要由周公主持，并成为制度，就是被称作“受民受疆土”（大盂鼎铭文）的分土封侯制度，这是西周国家的基本政治制度。所封诸侯的地域分布有一个精心设计的框架，是以西周本土为靠背，以东都雒邑为中心，封齐、鲁、卫、晋（初称唐）四国自东而西构成统治主体，再封燕和宋构成南北两翼。其余所封众多的小国杂附于这六大国之间或其周边，构成了一个有组织的、星罗棋布的统治体系。这就是《诗经·小雅·北山》所歌颂的：

溥天之下，莫非王土。率土之滨，莫非王臣。

当时的周人还没有明确的国界概念，但疆域范围的概念已经产生。《左传·昭公九年》记载春秋时王室大夫詹桓伯曾谈到西周疆域范围：

我自夏以后稷，魏、骀、芮、岐、毕，吾西土也；及武王克商，蒲姑、商、奄，吾东土也；巴、濮、楚、邓，吾南土也，肃慎、燕、亳，吾北土也。

西周所封的六大诸侯国就是在这样一个区域之内，而且都居于关键性的部位。这是一个地域广大、民族众多的地区。

王室遴选分封对象十分谨慎严格，要经过国王和主要公卿的推荐和评议。《左传·僖公二十四年》载东周王室大夫富辰回顾周初分封的话说：“昔周公吊二叔之不咸，故封建亲戚，以蕃屏周。”杜预注曰：“吊，伤也。咸，同也。周公伤夏、殷之叔世，疏其亲戚，以至灭亡，故广封其兄弟。”富辰又说：“周之有懿德也，犹曰莫如兄弟，故封建之。其怀柔天下也，犹惧有外侮。捍御侮者，莫如亲亲，故以亲屏周。”周王室的“封建亲戚，以蕃屏周”，或叫作“选建明德，以蕃屏周”的分土封侯制度，就是根据这些理由制定出来的。分封的目的主要是巩固姬姓王室对全国的统治。但是其巩固统治的政策不是以暴力为主，而是以暴力与怀柔相结合的两手政策为主。周文王倡导崇尚仁政、德治的思想在其中起了很大的作用，具体体现在各受封诸侯建立统治的方针和政策上。主要政策有两项：一，政治上实行绥靖政策，也就是富辰所说的“怀柔天下”；二，文化上实行包容政策，也就是允许不同文化的存在和发展。这有利于改善民族关系，保持社会稳定，促进民族团结，发展社会经济、文化。从长远来说，有助于民族融合关系的发展。关于这一情况，在周王室分封六大诸侯时所发表的文告和有关资料中可以具体看出。

1. 以齐、鲁、卫、晋为主体

此四国最为周室所倚重。

（1）封姜人公于商的盟国薄姑与莱夷地

区，以营丘（今山东淄博市东北）为都城，建立齐国。《史记》卷三二《齐太公世家》曰："武王已平商而王天下，封师尚父于齐营丘。……莱侯来伐，与之争营丘。营丘边莱。莱人，夷也。""太公至国，修政，因其俗，简其礼，通商工之业，便鱼盐之利，而人民多归齐，齐为大国。"武王去世，管叔和蔡叔勾结武庚发动叛乱，淮夷、徐戎也相继叛周。周成王又加大了姜太公的权力。《左传·僖公四年》载春秋时齐相管仲回顾当年的情况说："（成王）命我先君太公曰：'五侯、九伯，女实征之，以夹辅周室。'赐我先君履，东至于海，西至于河，南至于穆陵（今山东临朐），北至于无棣（今河北东南部）。"孔颖达疏引《正义》曰："太公为王官之伯，得以王命征讨天下。随罪所在，各致其罚。故五等诸侯，九州之伯，皆得征讨其罪。"上引资料较具体地体现了齐国受命负有政治上绥靖、文化上包容之责。

（2）封周公之子伯禽于商的盟国奄人地区，以曲阜（今山东曲阜东北）为都城，建立鲁国。《左传·定公四年》载："分鲁公以大路、大旂……殷民六族：条氏、徐氏、萧氏、索氏、长勺氏、尾勺氏，使帅其宗氏，辑其分族，将其类丑，以法则周公。用即命于周，是使之职事于鲁，以昭周公之明德。……因商奄之民，命以伯禽，而封于少皞之虚（今曲阜东北）。”

（3）封康叔于卫国。《左传·定公四年》载：“分康叔以大路、少帛……殷民七族：陶氏、施氏、繁氏、锜氏、樊氏、饥氏、终葵氏，封畛土略……聃季授土，陶叔授民。命以《康诰》，而封于殷虚（今河南安阳小屯）。皆启以商政，疆以周索。”“皆启以商政，疆以周索”一句，是对鲁、卫两国说的。包括了在鲁、卫两国中要怎样实施政治上绥靖和文化上包容的政策。杜预注曰：“皆，鲁、卫也。启，开也。居殷故地，因其风俗，开用其政；疆理土地以周法。索，法也。孔颖达疏曰：“修其教，不易其俗；齐其政，不易其宜。是言王者布政，当顺民俗而施之也。此民习商之政为日已久，还因其风俗开道以旧政也。”

（4）封唐叔于晋（初称唐）国。《左传·定公四年》载：“分唐叔以大路、密须之鼓、阙巩、沽洗，怀姓九宗，职官五正，命以《唐诰》，而封于夏虚（今山西翼城东南）。启以夏政，疆以戎索。”杜预注曰：“亦因夏风俗开用其政。太原近戎而寒，不与中国同，故自以戎法。”

这四大诸侯一为武王之师，一为周公之子，一为武王之弟，一为成王之弟，可谓重亲。所受王室之诰命都基本相同而明晰。应当说这样的方针政策在当时是适当而且积极的。不过政令下去之后，各诸侯到了封地，主要依靠自我奋斗，政策如何执行，其效果如何，王室实是鞭长莫及。各国的发展，只能是信马由缰了。关于执行政策出现差别之大，《史记》卷三三《鲁周公世家》记载了这样一个故事：伯禽受封到鲁国，他的父亲周公死了。他在守孝三年之后，向王室报告在鲁国的施政情况。王室问：“何迟也？”伯禽答：“变其俗，革其礼，丧三年然后除之，故迟。”可是姜太公受封到齐国，才过五个月即向王室报告在齐国的施政情况。王室问：“何疾也？”太公曰：“吾简其君臣礼，从其俗为也。”可见伯禽所行，违背了王室原定政策，是保守的，错误的。姜太公所行，是符合王室原定政策，也是符合当地民情的。后来姜太公听说伯禽的报告后，感叹说：“呜呼！鲁后世其北面事齐矣！夫政不简不易，民不有近；平易近民，民必归之。”

2. 以燕、宋为南北两翼

此二国亦为周室所倚重。

（1）封召公于戎狄的聚居区，以燕（今北京房山东南琉璃河镇）为都城，建立燕国（北燕）。《史记》卷三四《燕召公世家》曰：“召公与周同姓，姓姬氏。周武王之灭纣，封召公于北燕。”司马贞《史记索隐》曰：“以元子就封。……在成王时，召公为三公。”关于王室封立燕国的诰命和燕国初建时所施行的政策，文献缺少记载。从考古发现的资料来看，“西周初期，在燕国仍然可以看到许多商代的著名氏族或部族，如[illegible]、亚[illegible]、亚其等，仍旧拥有本族的彝器，并继续使用原来的氏族名称和徽号。他们的首领人物如复、攸、伯矩等亦受到燕侯的赏赉”[④]。从这些资料来看，燕国在其辖区内基本上执行了王室政治上绥靖和文化上包容的政策。

（2）封商纣王的庶兄微子启于商的故都商丘（今河南商丘南），建立宋国。微子启是殷商帝乙的庶长子，纣王的庶兄。纣王昏庸无道，微子启多次进谏，不被采纳，只好逃亡到周。《史记·鲁周公世家》载，周公东征之后，“诛管叔，杀武庚，放蔡叔。收殷余民，以封康叔于卫；封微子于宋，以奉殷祀”。微子启为人贤明能干，得到殷商遗民的爱戴。周王室利用微子启在宋国实行羁縻政策，文化上自是实行包容政策，任其发展。

周初分封的同姓诸侯有五十余个。《左传·昭公二十八年》载春秋时晋国大夫成鱄曰：“武王克商，光有天下，其兄弟之国者十有五人，姬姓之国者四十人，皆举亲也。”同书《僖公二十四年》载王室大夫富辰之言也说：“昔周公吊二叔之不咸，故封建亲戚，以蕃屏周：管、蔡、郕、霍、鲁、卫、毛、聃、郜、雍、曹、滕、毕、原、酆、郇，文之昭也；邘、晋、应、韩，武之穆也；凡、蒋、邢、茅、胙、祭，周公之胤也。”这里面除了已废的管、蔡等国和前面已介绍的鲁、卫、晋等大国之外，其他都是姬姓小国。《荀子·儒效》亦云：“武王崩，周公兼制天下，立七十一国，姬姓独居五十三人。”异姓诸侯包括了若干姜姓功臣、归顺部族首领及古代帝王之后，如神农之后封于焦（今安徽亳州），黄帝之后封于祝（今山东肥城东南），帝尧之后封于蓟（今北京西南），帝舜之后封于陈（今河南淮阳），夏禹之后封于杞（今河南杞县）。这么多的受封诸侯星罗棋布地与商奄遗民及不同部族混居在一起，使华夏及蛮、夷、戎、狄等众多部族形成一种大分散小聚居的生活局面，这为各诸侯国和各地区的政治、经济、文化的发展，氏族、部落、部族间的交流与融合，创造了极为有利的条件。

三　宗统与君统密切结合的政治体制

西周的政治制度继承了夏、商两代宗统与君统相结合的政治体制，并有新的发展和完善。所以《论语·为政》记载孔子的话说："殷因于夏礼，所损益可知也；周因于殷礼，所损益可知也。"这就是说，夏、商、周三代的文化传统基本上是前后相承的，并在不断吸收、融入周边民族的文化而继续向前发展，形成中华民族最早的文化主体，被称为华夏文化。

西周王系表

（前1046—前771年）

文王昌——（一）武王发——（二）成王诵——（三）康王钊——

（四）昭王瑕——（五）穆王满——（六）共（恭）王繄扈——
（八）孝王辟方

（七）懿王囏——（九）夷王燮——（十）厉王胡——

共和行政（前841—前828）——（十一）宣王静（前827—前782）——（十二）幽王宫涅（前781—前771）——

——（十三）平王宜臼（入“春秋”表）

1. 宗法制与王位世袭制

周人早在远古时期已经形成了自己的宗法，并自发地将宗统与君统相结合而形成君位世袭制度。如果说自后稷至古公亶父十二传十三世尚未见传嫡制的记载，但至少古公亶父时就出现了传嫡和传长（太伯、仲雍）的问题，已如前述。武王死，其弟众多，在世的还有八人。觊觎王位的大有人在。召公以太保之身份，利用占卜东都雒邑之时机，假借天命，重申王位宗法世袭制的原则。《尚书·周书·召诰》记载召公对成王的训诫说：“有王虽小，元子哉！其丕能诚于小民，今休。……王来绍上帝，自服于土中。”就是说，成王虽年少，但为上帝的嫡子，能协和小民，值得庆贺。王继承天命而躬行教化于国家的中心地区，应当褒扬勉励。这样的宣传对巩固发扬“君天下，曰天子”（《礼记·曲礼下》的“王权神授”思想起了巨大的作用。

西周的宗法制度比商朝时更发展、更完善。这主要体现在理论观点的明确和制度措施的周密两个方面。所谓理论观点明确，主要是严格区分嫡庶关系，确保嫡长子的优先地位。其理论就是在宗族内部，要严格区分大宗（嫡）与小宗（庶）的关系。大宗称宗子，小宗称支子。在宗族下的支属或家族中，亦要严格区分下一个层次的宗支关系。其嫡长子对于原宗族来说，为小宗，称支子；但在本支中则为大宗，称宗子，庶子则为小宗。各个层次的大宗都以嫡长子为宗子，具有特殊的地位和权力，宗族成员必须尊重宗子。关于此事，《礼记·大传》是这样说的：

> 别子为祖，继别为宗，继祢者为小宗。有百世不迁之宗，有五世则迁之宗。百世不迁者，别子之后也。宗其继别子之所自出者，百世不迁者也。宗其继高祖者，五世则

迁者也。尊祖故敬宗；敬宗，尊祖之义也。

《礼记·丧服小记》也有类似的记载。这段话的大致意思是说：国君的嫡长子立为太子，继承君位，其他诸子（“别子”）都分出去自立家族，成为该家族（以后膨胀为宗族）嫡长继承系统的始祖，其嫡长后裔属于“继别（别子）者”，称作这个家族或宗族的“大宗”。始祖的嫡长子以外各子，嫡长孙以外各孙，嫡长曾孙以外各曾孙等，都只是“继祢（父亲）者”，相对于嫡长系统大宗来说仅是小宗。无论经过多少代，大宗始终是本家族或宗族的核心，通过他将始祖的后裔联结成一个具有实体性的血缘团体，叫作“百世不迁之宗”。而众多的其他宗族成员除尊奉大宗外，还要尊奉一个五代以内与大宗血缘关系最近的直系祖先及其嫡长后裔为小宗。因为有五代的限制，所以旁系宗族成员所尊奉的小宗随世代推移而有变化，叫作“五世则迁之宗”。通过对小宗的尊奉关系，以大宗为首的宗族又因而划分为许多较小而更具凝聚力的近亲集团。从广义的角度看，周天子即天下之大宗，同姓诸侯相当于天子之小宗，同时又是一国之大宗。故《诗经·大雅·文王》有云："文王孙子，本支百世。"郑玄笺曰："（文王）受命，造始周国，故天下君之，其子孙嫡为天子，庶为诸侯，皆百世。"

所谓制度措施周密，就是在严格确保嫡长子的优先继承权的前提下，如若发生无嫡可立，或可继嗣的庶子数人同龄等特殊情况时，有很完善的补救办法。关于此事，《左传·襄公三十一年》载春秋时鲁国穆叔之言："太子死，有母弟则立之。无则立长。年钧择贤，义钧则卜。古之道也。非嫡嗣，何必娣之子。"杜预注："立庶子则以年。先人事，后卜筮也。义钧，谓贤等。"同书《昭公二十六年》载周室王子朝曰："昔先王之命曰：'王后无嫡，则择立长。年钧以德，德钧以卜。王不立爱，公卿无私，古之制也。'"孔颖达疏引《公羊传》曰："'立嫡以长不以贤，立子以贵不以长。'明母贵则先立也。"上述三说虽有不同，实是大同小异。同在立嫡长子；异在无嫡可立时，要不要在娣与妾之间或贵妾与贱妾之间再划分出几个等次。所谓"年钧以德，德钧以卜"，操作起来并不明确，争议很大，这是宗法制之疏漏所在，宫廷斗争常常由此而引发。虽是这样，西周自武王至幽王，传十二世十三王，情况基本正常，多是行嫡长子世袭制。其间有两次未传嫡子。一次是懿王崩，立其叔辟方，是为孝王。孝王崩，诸侯复立懿王太子燮，是为夷王。其原因不明。另一次是因厉王暴虐，国人暴动，厉王出奔，太子静被召公藏在自己的家中，朝政暂时由周公和召公两位大臣主持，史称“共和行政”。后来厉王死在外地，大臣才拥立太子静即位，是为宣王。此两事都不曾影响到对传嫡为基本制度的评价。

王国维认为，西周的宗法制度不仅是西周政治的建制原则，也是规范社会秩序、整齐生活习俗的指导思想。他在《殷周制度论》中说：“欲观周之所以定天下，必自其制度始矣。周人制度大异于商者，一曰立子立嫡之制，由是而生宗法及丧服之制，并由是而有封建子弟之制，君天下臣诸侯之制。二曰庙数之制。三曰同姓不婚之制。此数者，皆周之所以纲纪天下。”又说：“有立子之制而君位定；有封建了弟之制而异姓之势弱，天子之位尊；有嫡庶之制于是有宗法，有服术，而自国以至天下合为一家；有卿大夫不世之制，而贤才得以进，有同姓不婚之制，而男女之别严。且异姓之国非宗法之所能统者，以婚媾甥舅之谊通之，于是天下之国大都是王之兄弟甥舅，而诸国之间亦皆有兄弟甥舅之亲，周人一统之策实存于是。此种制度固亦由时势之所趋，然手定此者，实惟周公。”⑤

王国维的《殷周制度论》不愧为大家手笔。他的学术功力，思维之锐敏，见解之独到，宏论之深邃，都使人敬仰。不过他的绝对化、偏颇处，还是有的。如他所谓的“殷商无宗法”，一切“实惟周公”之说，过于武断；所谓的“自国以至天下合为一家”，“周人一统之策实存于是”之说，过于理想化；所谓的“有卿大夫不世之制，而贤才得以进”之说也过于一厢情愿，与史不符。

2. 以国王（天子）为首的中央机构

西周的中央统治机构基本上承袭了商朝的制度：以国王为首，下由主要公卿大夫组成办事机构。国王称天子，又是宗法关系之首，拥有绝对权威。主要公卿都是国王的宗族或亲属，因事设官，各有所统。具体的职官情况，《汉书》卷十九上《百官公卿表上》曰：“夏、殷亡闻焉，周官则备矣。”颜师古注曰：“事见《周书·周官篇》及《周礼》也。”可是此两书成书年代较晚，内容在现有的铜器铭文中难得确证，因之学术界颇多疑惑。虽是如此，但其中可证成分并不少，其可信度也很大。近代学者吕思勉对有关主要官名如三公、四辅、五官、六官、冢宰等遍查群书，多方考证，基本上肯定了这些官名的存在。他说：“言古官制者，今文家曰三公、九卿，古文家曰三公、三孤、六卿，而又有四辅、五官之名。孰为是？曰：皆是也，皆有所据。今文家所谓三公，任职者也。古文家之三公及四辅，天子之亲臣也。五官与今文家之三公，同为任职之臣，或举其三，或举其五，各有所象耳。五官加一冢宰，则为六官矣。”⑥吕思勉对四辅、三公、三孤、三太、司马、司徒、司空等都一一进行了考述，这里不再引录。总的说来，由于宗法制的作用存在，周朝虽有“建官惟贤，位事惟能”（《尚书·周书·武成》）之说，也就是王国维所说的“有卿大夫不世之制，而贤才得以进”，但主要的公卿大夫来自姬氏宗族，尤其是来自王室亲属，各有封国或采邑。

三公和六卿是朝廷中的主要长官。三公为太

傅、太师、太保的统称，是国王的辅弼之臣，地位最高。三公为少傅、少师、少保。《礼记·文王世子》曰："太傅审父子君臣之道以示之。少傅奉世子以观太傅之德行而审喻之。太傅在前，少傅在后。入则有保，出则有师，是以教喻而德成也。师也者，教之以事，而喻诸德者也。保也者，慎其身以辅翼之，而归诸道者也。《礼记》曰：'虞、夏、商、周有师、保，有疑丞，设四辅及三公。不必备，惟其人。'语使能也。"周公曾为太傅，召公曾为太保，姜太公曾为太师。《汉书·百官公卿表上》概括这三个职务说："盖参天子，坐而议政，无不总统，故不以一职为官名。"六卿是分管六个庶政部门的长官。《周礼》分章述其职官设置编制及所职掌：一为冢宰，称天官，就是宰相，统率百官，辅佐天子；二为司徒，称地官，掌管土地和民事；三为宗伯，称春官，掌管王族事务；四为司马，称夏官，掌管军事；五为司寇，称秋官，掌管刑法；六为司空，称冬官，掌管水土工程。三公六卿都有副职，其下由各级大夫和士组成工作机构，他们的身份都属于贵族，有所属的宗法系统，根据身份或职位的高低，授予大小不等的采邑，以充俸禄。此外，还由国家赐给祭祀用的田地，名为圭田。《孟子·滕文公上》曰：“卿以下必有圭田，圭田五十亩。”赵岐注曰：“古者，卿以下至于士，皆受圭田五十亩，所以供祭祀也。圭，洁也。”朱熹《四书章句集注》曰：“此世禄常制之外，又有圭田，所以厚君子也。”在王室供职的公卿大夫等的采邑的范围较小，均在王畿之内，行“世官世禄”制。如周公旦在王室任太傅，其采邑在周（今陕西岐山东北），故称周公，召公在王室任太保，其采邑在召（今岐山西南），因称召公或召伯。周、召二公均是世卿世禄。

周王室拥有常备军三支：一为虎贲（奔），由虎贲氏掌管，有数千人，为王室禁卫军。平时用于周王出入仪卫之事，战时亦用于征伐。战斗力较强。二为周六师，是王室的主力军，一师约由二千五百人组成，主要由周人充当，常驻京师丰镐一带，因称西六师。三为殷八师，由商的遗民组成，编制同于周师，将帅则由周人充当，常驻东方要地，亦用于征伐。关于周王室出军情况及军官名称，《尚书·周书·牧誓》在武王伐纣誓词中曾有提及，可资参考。武王出军为“戎车三百两，虎贲三百人”（《史记·周本纪》作“虎贲三千人”）。《孔安国尚书传》曰：“兵车，百夫长所载，车称两。一车步卒七十二人，凡二万一千人，举全数。”又曰：“（虎贲）勇士称也，若虎贲（奔），兽言其猛也。皆百夫长。”其参与军事及军官名称，有“司徒、司马、司空、亚旅、师氏、千夫长、百夫长”等。

四　成文法的制定

1. 尧舜时期，皋陶作五刑

早在尧舜统治的禅让时代，为加强对庞大部落联盟的管理和统治，将原来行用于氏族、部落中的习惯法逐渐提炼归纳，固定为部落联盟中的刑法，用以惩治有害于联盟事业的行为。最早的法律见于《尚书·虞书·舜典》，帝舜命曰：“皋陶……汝作士，五刑有服。”《孔安国尚书传》曰：“士，理官也。五刑：墨、劓、刖、宫、大辟。服，从也。言得轻重之中正。”尧、舜都崇尚德治，在刑法方面也主张宽缓，所以主张五刑要有常刑，不能过严。此外，另立宽刑，如有流放之法，鞭与扑等体罚，还有用金钱以抵罪的赎刑。流放、体罚、赎罪都比肉刑、死刑轻缓得多，且可教育挽救一些犯人及其家属。这是刑法的一大进步。在后人评议尧舜时代的刑法时，都几乎异口同声地赞扬尧、舜尚德政，主宽刑；皋陶尚严苛，主重刑。如宋代文学家苏轼在其《刑赏忠厚之至论》中说："当尧之时，皋陶为士，将杀人。皋陶曰杀之三，尧曰宥之三。故天下畏皋陶执法之坚，而乐尧用刑之宽。"这一名人名文的出世，在后代读圣贤书的人群中更加重了颂扬尧舜、贬抑皋陶的分量。其实这种认识过于片面，只是从皋陶的任职上做出的推论，这样评价皋陶是不公平的。《史记·夏本纪》记载，帝舜在任命皋陶为士、以法治民时，与禹、伯夷、皋陶等主要大臣会于朝廷，各述自己的政见。皋陶讲述了他的一些意见，受到帝舜的首肯，亦为禹所赞扬。如他说："信其道德，谋明辅和。""在知人，在安民。""始事事，宽而栗，柔而立，愿而共，治而敬，扰而毅，直而温，简而廉，刚而实，强而义，章其有常，吉哉。日宣三德，早夜翊明有家。日严振敬六德，亮采有国，翕受普施，九德咸事，俊乂在官，百吏肃谨。毋教邪淫奇谋。非其人居其官，是谓乱天事，天讨有罪，五刑五用哉。吾言厎可行乎？”禹听后赞扬曰：“女言致可绩行。”由此话可以看出，皋陶也是尚德政的。他之为尧、舜、禹三代帝王所赏识、重用，和他本人的政治理念及执法作风是分不开的。

2. 夏有《禹刑》，商有《汤刑》

夏禹建国之初，仍用皋陶为主要执法官，大约其刑法也基本上继承舜时的成果。不过此时虽进入阶级社会，是否已使用文字，在学术上还不能肯定。是否已有成文法，不得而知。《左传·昭公六年》曰：“夏有乱政，而作《禹刑》。”《汉书》卷二三《刑法志》曰：“禹承尧舜之后，自以德衰，而制肉刑。”这些编制刑法之事，结合历史情况，似都是夏朝中期以后之事。夏朝有座著名的监狱叫作夏台，也叫钧台（在今河南禹州），夏桀曾将商汤囚禁在这里。商朝建立以后，基本上将先商先公所行刑法与夏朝的刑法合而为一，名为《汤刑》。《左传·昭公六年》曰：“商有乱政，而作《汤刑》。”《竹书纪年》则曰：“祖甲二十五年，重作《汤刑》。”商朝已有文字，《汤刑》的编制修订，说明它不仅是一部成文法典，而且已有了相当的规模。所以在周代的很长时间中，一直重视商法。如西周初年，周成王封康叔于卫时，一再强调尽量利用商朝旧法中合于伦理、合于时宜的部分来处理内外事务（《尚书·周书·康诰》）。直到战国后期，《荀子·正名》仍说："后王之成名，刑名从商。"王先谦《集解》曰："商之刑法未闻。《康诰》曰：'殷罚有伦。'是亦言殷刑之允当也。"商朝亦应当有五刑，不过文献记载不很明确。但所记酷刑的名目很多。如醢，是将人剁成肉酱的暴刑；脯，是将人肉制成肉干的暴刑；炮烙（亦作"炮格"。格，铜刑具，可用于烧烤犯人），指用炭烧热铜棍，令人爬行棍上，即堕炭上烧死。在甲骨文中有劓（亦见于文献），是割鼻；伐是杀头；烄是烧死。甲骨文中有的象形、会意字亦反映了刑罚的一些情况。如"幸"字，作"[illegible]"，像是强加在犯人手上的刑具，今名手铐；"執（执）"字，作"[illegible]"，像一人双手戴着手铐；"圉"字，作"[illegible]""，像一人双手戴着手铐被关在牢中。1937年，在河南安阳殷墟的考古发掘中，曾在一个坑穴中发现有三个戴手铐的奴隶陶俑，女奴双手铐在胸前，男奴双手铐在背后[⑦]，手的情况与甲骨文中的圉字很像。商朝的奴隶制很发达，囚禁奴隶或其他犯人的监狱很多。帝武丁时期著名的监狱有圜土，曾囚禁过傅说[⑧]，傅说后来成为武丁的宰相。商纣王时期著名的监狱有羑里，曾囚禁过西伯姬昌，姬昌就是后来的周文王。在现代的考古发掘中，在各地常常发现属于商代的监狱，用于囚禁罪犯。

3. 周穆王制《吕刑》

西周前期所行的法律，其指导思想仍是来自皋陶、周公所谓的“天讨有罪”（《尚书·虞书·皋陶谟》）、“明德慎刑”（《尚书·周书·康诰》），其具体内容就是继承了周文王之法与商朝的部分合用之法提炼升华而形成的。中央设最高的主管刑法之官，名司寇。《周礼·秋官司寇》曰：“乃立秋官司寇，使帅其属而掌邦禁，以佐王刑邦国。刑官之属：大司寇，卿，一人；小司寇，中大夫，二人；士师，下大夫，四人；乡士，上士，八人；中士，十有六人；旅，下士，三十有二人。府，六人；史，十有二人；胥，十有二人；徒，百有二十人。”其下还述有各种大小刑法官署的人员编制及其职掌。《周礼》一书约形成于战国时期，时间较晚，有关机构的设置与职掌说明有理想化的成分。

西周的成王和康王时期，基本上国泰民安，社会比较稳定。再后到昭王和穆王时期，转向衰落。《史记·周本纪》记载：“昭王之时，王道微缺。昭王南巡狩不返，卒于江上。……立昭王子满，是为穆王。穆王即位，春秋已五十矣。王道衰微。”具体情况是，此父子二人刚愎自用，不听劝谏，自以为国富民强，都向往远征。周昭王率军南征楚国，渡汉水时，落入江中而死，狼狈退兵。其子穆王率军西伐犬戎，无功而返。这些活动都劳民伤财，加剧了国内外的矛盾和斗争。为了稳定社会，加强统治，周穆王命吕侯（姜姓）为相，制定刑法，史称《吕刑》。由于吕侯始封于吕（今河南南阳西），亦称甫，所制之刑称《吕刑》，亦称《甫刑》，收入《尚书·周书》。

《吕刑》是中国远古的一部内容比较完善、文字比较完整的成文法典，共分为三章。第一章为总论，概述了编制这部法典的时代背景和社会需要，说明古代圣帝贤王都是不得已而用刑，痛斥有的头人不用善政、滥杀无辜。为了解救民众，不能不制定刑罚以惩恶，强调《吕刑》是根据《禹刑》等可行的法律结合当时的需要制定的。第二章为刑罚种类和适用原则，主要说明制定刑罚的目的和意义，用刑的适时原则及重在选人掌握，规定办案的程序和制度，规定疑罪赦刑从罚的刑种和金额，规定量刑原则、类比制度及社会对量刑的影响，规定办案定罪原则和用刑目的，规定结案手续、审批制度及并罚原则等。《吕刑》规定五刑的具体罪名共有三千条，即：墨刑一千条，劓刑一千条，刖刑五百条，宫刑三百条，大辟二百条。各种刑罪都可按相应的刑罚种类纳钱赎罪。第三章为结束语，主要是重申《吕刑》的重要作用，要求各卿、诸侯及其子孙后代都要遵行不废。[9]《吕刑》的编成是中国古代法制史上的一大进步，也是当时社会发展的需要和文明进步的反映。

西周时期，礼与法是结合在一起的，即礼、法不分，名为礼，实际包括法在内。但刑罚这一方面虽也包括在礼之中，却很早就已单列，皋陶主法时即已如此。这是和中国的奴隶制社会特点分不开的。礼主要用于规范各级贵族的思想和行为，刑则主要用于管制和镇压劳动大众。于是就有“礼不下庶人，刑不上大夫”之说。此说出自《礼记·曲礼上》。郑玄注曰：“贤者犯法，其犯法则在八议轻重，不在刑书。”八议主要是为贵族阶级中的某些人寻找理由、减轻或开脱罪责的一种特别审议制度。在西周，也叫作“八辟”。辟就是法。《周礼·秋官·小司寇》曰：“以八辟丽邦法，附刑罚：一曰议亲之辟，二曰议故之辟，三曰议贤之辟，四曰议能之辟，五曰议功之辟，六曰议贵之辟，七曰议勤之辟，八曰议宾之辟。”由此可以看出法律刑罚都是有阶级性的。但如果问题发生在统治阶级内部的派系或集团之间，尤其是关涉当权人物，此八议也不一定适用。因为在阶级社会中，统治阶级或统治集团乃至个人的意志常常会左右法律或刑罚。

五　土地国有制与赋税用“彻”法

西周实行土地国有制度，其概念十分明确。就是《诗经·小雅·北山》所说：“溥大之下，莫非王土；率土之滨，莫非王臣。”西周也有“五服”之说，就是其疆土以东都雒邑之王城为圆心，自内而外，以五百里为半径，画一圆圈。

半径每延长五百里，画第二、第三、第四、第五个圆圈。这五个圆圈自内而外，分别叫作侯、甸、男、采、卫。也叫作“五百里，侯服；去王城千里，甸服；千五百里，男服；去王城二千里，采服；二千五百里，卫服”（《孔安国尚书传》）。服也就是勤于王事的负担单位。五服之说只是一种理念，并非现实，所以夏商周各代虽都有五服，但解说并不一致。

1. “受民受疆土”

“受民受疆土”之说见于大盂鼎铭文。此说所以成为制度，是以“溥天之下莫非王土；率土之滨莫非王臣”这一根本性政治原则的确立为前提的。关于此事，文献中有较多的记载。如就全国范围而言，《国语·周语中》曰：“昔我先王之有天下也，规方千里，以为甸服，以供上帝山川百神之祀，以备百姓兆民之用，以待不庭不虞之患。其余以均分公、侯、伯、子、男，使各有宁宇，以顺及天地，无逢其灾害。”《孟子·万章下》曰：“天子之制，地方千里，公侯皆方百里，伯七十里，子、男五十里，凡四等。不能五十里，不达于天子，附于诸侯，曰附庸。”具体讲到“受民受疆土”情况的事例也很多。铜器铭文上的且不计，如前文引《左传》述康叔封于卫的文告中，就有“聃季授土，陶叔授民”句，聃季、陶叔都是王室大夫。再如《诗经·鲁颂·閟宫》记述周成王封伯禽于鲁：“乃命鲁公，俾侯于东，锡之山川，土田附庸。”又同书《大雅·崧高》述周天子封申伯曰：“王命召伯，彻申伯土田。”

这种受民受疆土制度的土地所有制基础，是农村公社土地公有制，或谓之集体所有制。以国王为代表的国家攫取了土地所有权，形成了这样一种制度。这时的土地权利已分为三个层次，即国王有土地所有权，各级受封诸侯和卿大夫、士等都对受封的土地拥有占有权，沦为庶民的原公社成员和其他农业劳动者则在提供劳役或实物负担的前提下，拥有耕种田地的权利。这种农产品再分配的关系，已像颠扑不破的真理一样，被编成一连串谚语长期流传，即“公食贡，大夫食邑，士食田，庶人食力”（《国语·晋语四》）。当时的非农业人口如官府的百工、商贾、皂隶、家臣等，也通过官府参与到农产品再分配的关系中。

2. “周人百亩而彻”

对于夏商周三代的土地所有制和地租（税）制度，在战国及其以前的学者中，只有孟子有较深入的研究，并提出过系统的说法。他认为，三代都行土地国有制，也都行劳役地租剥削。但其做法有两点主要差别。一，受田数量有差别，夏每户受五十亩，殷受七十亩，周受百亩。二，劳役地租虽说同为什一税，但夏行贡法，为定租制；殷行助法，周行彻法，都是分租制。所谓“彻”，是通行的意思。《后汉书》卷三一《陆康传》曰：“夫什一而税，周谓之彻。彻者，通也，言其法度可通万世而行也。”孟子的原话前面已几次引用，为了将三代的这一问题最后总结一下，很有必要在这里再重复引用一下。《孟子·滕文公上》曰：

> 夏后氏五十而贡，殷人七十而助，周人百亩而彻，其实皆什一也。彻者，彻也；助者，藉也。龙子曰：“治地莫善于助，莫不善于贡。贡者校数岁之中以为常。乐岁，粒米狼戾，多取之而不为虐，则寡取之；凶

年，粪其田而不足，则必取盈焉。”《诗》云：“雨我公田，遂及我私。”由此观之，虽周亦助也。

孟子认为，西周实施上述劳役地租剥削的基本方式是井田制度。井田制度的典型形式是：“方里而井，井九百亩，其中为公田，八家皆私百亩，同养公田。公事毕，然后敢治私事，所以别野人也。”赵岐注曰：“方一里者，九百亩之地也。地为一井，八家各私得百亩，同共养其公田之苗稼，公田八十亩。其余二十亩以为庐井宅园圃，家一（二）亩半也。先公后私，‘遂及我私’之义也。则是野人之事，所以别于士伍者也。”孟子还对以井田形式组织而成的村落做过如下的描述：“乡田同井，出入相友，守望相助，疾病相扶持，则百姓亲睦。”赵岐注曰：“同乡之田，共井之家，各相营劳也。出入相友，相友耦也。……守望相助，助察奸恶也。疾病相扶持，扶持其羸弱，救其困急。”

3. 孟子之说并非乌托邦

古人对西周的井田制虽各有说法，但对孟

子公开表示怀疑者极少。可是近数十年来，在学术界持怀疑或异议者却很多，主要原因是认为孟子过于夸夸其谈，对于井田制的描述过于整齐化，对于共井之家的生活状况过于理想化了。有人干脆称之为孟子式的乌托邦。[10]这样的评价实在过于偏颇。孟子并非夸夸其谈之人，而是一位坚持真理而又能言善辩的学者。他的善辩并非信口开河，而是言必有据，实事求是。他对阐述历史及引用史料，尤为慎重。例如《孟子·尽心下》记载他的话说："尽信书，则不如无书。吾于《武成》，取二三策而已矣。仁人无敌于天下。以至仁伐至不仁，而何其血之流杵也？"这是孟子认为记述周武王伐商纣的文告《武成》有夸大其词的成分。再如《孟子·万章下》记载，卫国的大夫北宫锜曾向孟子请教有关西周爵禄制度的情况，孟子答曰："其详不可得闻也。诸侯恶其害已也，而皆去其籍。然而轲也，尝闻其略也。"以下，他概述了西周的基本爵禄制度；又将诸侯分为大国、次国、小国三等，各述其爵禄制度；最后，又将耕者分为上农夫、上次农夫、中农夫、中次农夫、下农夫五等，各述其生活负担能力。这样言之凿凿而且具体地讲西周的爵禄制者，在先秦，恐怕只此一家。至于孟子谈西周井田制度一事，是他以国宾身份受聘到滕国，应滕公之请讲授治国之道时郑重提出的命题。其具体情况则是向滕文公的代表、滕国大夫毕战论述的。孟子以这样的身份，面对国君、大臣讲问题，当不会信口开河吧！

讲西周曾行井田制度，不仅是孟子一人。孟子之后，还有一些名家讲述，所言与孟子之说大同小异，而且更加详细具体。如《韩诗外传》卷四记载：

> 古者，八家而井田：方里而一井，广三百步，长三百步，为一里，其田九百亩。广一步长百步为一亩，广百步长百步为百亩。八家为邻，家得百亩，余夫各得二十五亩。家为公田十亩，余二十亩共为庐舍，各得二亩半。八家相保，出入更守，疾病相忧，患难相救，有无相贷，饮食相召，嫁娶相谋，渔猎分得，仁恩施行，是以其民和亲而相好。《诗》曰："中田有庐，疆埸有瓜。"

《汉书》卷二四上《食货志上》曰：

> 理民之道，地著为本。故必建步立亩，正其经界。六尺为步，步百为亩，亩百为夫，夫三为屋，屋三为井，井方一里，是为九夫。八家共之，各受私田百亩，公田十亩，是为八百八十亩，余二十亩以为庐舍。出入相友，守望相助，疾病相救，民是以和睦而教化齐同，力役生产可得而平也。

《公羊传·宣公十五年》何休注曰：

> 司空谨别田之高、下、善、恶，分为三品，上田一岁一垦，中田二岁一垦，下田三岁一垦。肥饶不得独乐，墝埆不得独苦，故三年一换主（土）易居，财均力平。

由此看来，孟子关于西周井田制之说并非只是一家之言，持此说的所在多有。我们应当指出，孟子所说的西周行井田制，并非说西周的土地制度只有这一种形式，当然这是一种主要的形式。此外，还有一些辅助性的形式，以及一些因地制宜的情况。例如《孟子·滕文公上》云：“野九一而助，国中什一使自赋，卿以下必有圭田，圭田五十亩。”对授田百亩之家，还有“余夫二十五亩”。最后还说：“此其大略也。若夫润泽之，则在君与子矣。”朱熹《四书章句集注》对孟子之说的领会较全面。关于“野九一而助，国中什一使自赋”，他首先肯定说：“此分田制禄之常法。……野，郊外都鄙之地也。九一而助，为公田而行助法也。国中，郊门之内，乡遂之地也。田不井授，但为沟洫，使什而自赋其一，盖用贡法也。”又说：“当时非惟助法不行，其贡法亦不止什一矣。”关于圭田，他说：“此世禄常制之外，又有圭田。”关于“余夫二十五亩”，他说：“此百亩常制之外，又有余夫之田。”对最后一句，他说：“润泽，谓因时制宜，使合于人情，宜于土俗，而不失乎先王之意也。”由此看来，孟子所说是较全面的。当时的田制有多种多样，虽以“九一而助”为常法，但自战国以至西汉，在文献中谈其他田制者也很多，致使有矛盾、分歧。于是从东汉开始，即有人多方梳理。如郑玄注群经，对大司徒、小司徒、遂人、匠人等职官，因井牧田野、开掘沟洫、修筑道路的需要，将田亩、邑落按四进制、九进制、十进制而划分之事，做了具体的分析和说明。《周礼·地官·载师》贾公彦疏引郑玄《驳五经异义》云："玄之闻也，周礼制税法，轻近而重远者，为民城道沟渠之役，近者劳，远者逸故也。其授民田，家所养者多，与之美田；所养者少，则与之薄田，其谓均之而足，故可以为常法。"可见他对孟子的授田说是支持的，并做了有益的补充解说。近数十年来，由于学术界重视了关于在古代社会中多存在农村公社或其残余形态的理论研究，对孟子等说，也转而接受。例如杨宽先生说："作者认为我国古代的井田制，确是村社的制度。因为我国古代历史上，确实存在过这种整齐划分田地而有一定亩积的制度，也确实存在过按家平均分配份地的制度。"⑪林甘泉、童超在《中国封建土地制度史》一书中引述前引《公羊传》何休注文之后说："按照何休的说法，在实行井田制的条件下，授田农民每隔三年要重新分配一次份地，以保证'肥饶不得独乐，墝埆不得独苦'。这正是农村公社土地所有制公有与私有二重性的表现。"⑫

农村公社在原始社会后期至阶级社会中的奴隶制和封建制社会几乎普遍存在，以至到资本主义社会的初期，有些地区还存在着其基本的形式或其残余形态。例如在欧洲的多瑙河流域诸公国，“那里原来的生产方式是建立在公社所有制的基础上的……一部分土地是自由的私田，由公社成员各自耕种；另一部分土地是公田，由公社成员共同耕种。这种共同劳动的产品，一部分作为储备金用于防灾备荒和应付其他意外情况，一部分作为国家储备用于战争和宗教方面的开支以及其他的公用开支。久而久之，军队的和宗教的头面人物侵占了公社的地产，从而也就侵占了花在公田上的劳动。自由农民在公田上的劳动变成了为公田掠夺者而进行的徭役劳动，于是农奴制关系随之发展起来。”[13]我国古代的具体历史情况虽与上述多瑙河地区不尽相同，但总的说来，农村公社曾存在于夏、商和西周是个事实。即使是春秋、战国时期，也大量存在。当然由于已进入阶级社会，土地所有权已为国王和各级贵族所攫取，说这时的农村公社所有制已是残余形式也可以。战国时期，孟子对这种残余形式的所见所闻是相当多的，这有可能丰富充实了他对西周井田制的理解。我国近数十年来对少数民族社会历史的研究取得了丰富的成果。如对云南西双版纳和德宏等地区的傣族、勐海县的布朗族、海南岛的黎族等农村公社的调查研究，都提供了不少有益的事例，令学术界大开眼界，为研究西周的井田制及有关的理论观点，提供了有益的印证资料。⑭

六　厉王暴虐，幽王失国

西周前中期的政局基本上还算平静，社会经济发展较快。到周厉王时期，政治日益黑暗，引发了周王室与国人之间的矛盾和斗争。周厉王出逃，国家一度混乱。

1. 厉王专利与国人暴动

西周时期实行土地国有制。但国家对不同的地区实行不同的政策。如以农耕为主的地区，实行“受民受疆土”政策；对广大的山林川泽，尤其是名山大川，则不分封，基本上由国家控制，公私人等都可利用。《礼记·王制》曰：畿外，“名山大泽不以封”，畿内“名山大泽不以朌

（颁）”。郑玄注云：周王室“与民同财者”。实际情况是：当时的社会生产力不很发达，尚无能力开发山林川泽；周天子又神化王权，有关于祭祀五岳、四渎的制度，因之亦有“名山大泽不以封（颁）”的规定。所谓“与民同财”，就是劳动人民可以按时令或季节，到山林川泽中捕捞樵采，即所谓“以时入而无禁”（桓宽《盐铁论·力耕》）。封建国家设山虞、林衡、川衡、泽虞等官，执掌有关的政令，定期向有关劳动人户征收贡税或土特产。这种“以时入而无禁”的情况实际是农村公社土地公有制的延续，是土地公有制的原生形态。可是到西周后期，由于社会生产力已有较大的发展，对山林川泽的开发能力也有较大的提高，山林川泽的开发价值已渐为人们所关注，于是为争夺山林川泽权益而展开的斗争也日益激烈。

周厉王即位后，生活奢侈，挥霍无度，极想重用荣夷公，把邦畿内的山林川泽控制起来，以增加王室的收入。王室大夫芮良夫是一位有见识、有思想的政治家，《国语·周语上》记载了他劝告周厉王的话：“王室其将卑乎？夫荣夷公好专利而不知大难。夫利，百物之所生也，天地之所载也，而有专之，其害多矣。……今王学专利，其可乎？匹夫专利，犹谓之盗，王而行之，其归鲜矣。荣公若用，周必败。”这已是严重的警告了，可是周厉王不肯听，竟以荣夷公为卿士，掌王室大权，垄断邦畿内的山林川泽，不许他人利用。这就引起了有关中下级贵族和居住在国都丰镐城内的居民的抱怨，街头巷尾，议论纷纷，史称“国人谤王”[15]。这种形势日益严重，当时的另一位卿士召公虎告诉周厉王：“民不堪命矣！”可是周厉王不仅不纠正他的错误做法，反而还迁怒于别人。他从卫国找来了一位巫师，以装神弄鬼的方法监视对自己不满的人，史称“卫巫监谤”。凡是遭卫巫揭发的人，即被以“毁谤”之罪处死。在这样的残酷高压之下，各级贵族和国人都不敢公开议论厉王，甚至不敢在室外谈话。熟人在街道上相遇，也不敢说话，只能互相使个眼色。这就是《国语·周语上》所说：“国人莫敢言，道路以目。”

这时的周厉王已成为孤家寡人了。诸侯已不来朝，卿大夫亦不愿见他，人们不敢说真话，他已孤陋寡闻，但却以为自己胜利了，竟得意地告诉召公曰：“吾能弭谤矣，乃不敢言。”召公回答曰：这是堵民之口，不让说话，“防民之口，甚于防川。川壅而溃，伤人必多”。召公反复耐心地说明了要让公卿、大夫、大小官员及庶民都得以发表自己的意见及国王择善而从的重要意义，可是周厉王就是不听。于是厉王三十七年（前841年），京师丰镐发生了“国人暴动”，参加暴动的有国人（自由民），有中小贵族，还有其他劳动人民。周厉王仓皇逃到彘（今山西霍州）。厉王的太子静被召公藏在自己的家中，朝政暂时由周公和召公两位大臣主持，史称“共和行政”。

2. “共和行政”与“宣王中兴”

关于“共和行政”一事，历史上有不同的说法。主流的说法是根据《史记·周本纪》的记载，周厉王奔彘之后，太子静藏在召公家中，召府被国人包围。召公迫不得已，用自己的儿子代替太子，献给了包围召府的国人。国人撤退，太子得救。“召公、周公二相行政，号曰‘共和’。共和十四年，厉王死于彘。太子静长于召公家，二相乃共立之为王，是为宣王。”还有一种说法就是司马贞《史记索隐》引《汲冢纪年》

云："共伯和干王位。"司马贞解释说：共是国名，伯是爵位，和是人名，"干"即篡位，"言共伯摄王政，故云'干王位'也"。《晋书》卷五一《束皙传》引《竹书纪年》亦云："幽（厉）王既亡，有共伯和摄行天子事，非二相共和也。"张守节《史记正义》引《鲁连子》云："卫州共城县本周共伯之国也。共伯名和，好行仁义，诸侯贤之。周厉王无道，国人作难，王奔于彘，诸侯奉和以行天子事，号曰'共和'元年。十四年，厉王死于彘，共伯使诸侯奉王子靖（静）为宣王，而共伯复归国于卫也。"此说谓共是卫国的别称，卫武公名和，即共伯和。可是据《史记》卷三七《卫康叔世家》、卷一四《十二诸侯年表》所载，证明《汲冢纪年》和《鲁连子》之说都不可信。共和行政元年（前841年）是中国历史上有确切纪年的开始。

所谓"宣王中兴"之说，并不符合历史实际。宣王初即位时，由于有周公和召公的辅助，在整顿吏治、安定社会方面，取得一些成就。为解除周边戎狄等族的侵扰，他曾亲自率军征伐，也取得一些成果。所以史称"宣王中兴"。但这样的评价过于夸大。宣王在位四十六年，虽在政治和军事上取得了一些成就，但由于国力薄弱，特别是由于他的个性刚愎自用，不听老臣重臣的劝谏，以致犯过许多错误，遭受许多失败，在国内并不得人心。诸侯们与王室的关系亦不密切，来朝贡的日益稀少。

宣王招致不满或遭受失败的主要原因，有以下一些。

不修帝王亲耕之礼。西周自文王时期，即设有帝王亲耕藉田[16]的制度。因为在以农耕为主的社会中，国以农为本，民以食为天。周文王行德政，每年初春，率领群臣亲耕藉田，既有用藉田之粟米敬献宗庙之意，更主要的是劝导广大臣民重视农业生产。天子耕藉田是国家的大礼，几乎是普天同庆。《诗经·周颂·载芟》曰："载芟载柞，其耕泽泽。千耦其耘，徂隰徂畛。"大意是：除草除根，耕土疏松。千耦锄耘，填洼培埂。孔颖达疏："除草曰芟，除木曰柞。"郑玄笺："载，始也。隰谓新发田也，畛谓旧田有径路者。"所谓"籍田"，也作"藉田"，因是借用民力而耕种，所以叫作籍田。其具体做法，载于《国语·周语上》：春耕之日，天子率群臣来到籍田上，按照礼仪规定，"王耕一坺，班三之，庶民终于千亩”。具体地说，王耕一坡，公耕三，卿耕九，大夫耕二十七，庶民则全部耕种。此一国家大典，本来是年年举行。但至厉王被逐之后，此礼中断。宣王即位后，虢文公为卿士，劝说宣王恢复籍田之礼以劝农。他说，籍田不可废，“夫民之大事在农，上帝之粢盛于是乎出，民之蕃庶于是乎生，事之供给于是乎在，和协辑睦于是乎兴，财用蕃殖于是乎始，敦庞纯固于是乎成”。又说：“今天子欲修先王之绪，而弃其大功，匮神乏祀，而困民之财，将何以求福用民！”可是宣王不听劝告。

以武力强制鲁国废嫡立庶，遭到反对。鲁国的国君是周公旦之后裔，向以礼仪之邦自居，与周王室的关系密切。至鲁武公，以朝觐周宣王至丰镐，由长子括和次子戏作陪。宣王立戏为太子。王室卿士樊仲山父劝谏宣王曰：“不可立也，不顺必犯，犯王命必诛。……今天子立诸侯而建其少，是教逆也。”宣王不听，还是以王命立戏。鲁武公回国，后病死，鲁国人反对立戏，并将戏杀死，仍立戏之兄括为国君。宣王闻知大怒，出兵伐鲁，夺括之位，另立鲁武公之少子、戏之弟为孝公，并命孝公为主管一方的侯伯。这种由国王武力强制干预诸侯废嫡立庶的行为严重引发诸侯们的反感，从此诸侯们对周王更加疏远。

周宣王对严允、西戎、徐戎、荆楚的一系列战争，有胜利，也有失败。如宣王三十九年（前789年），对姜氏之戎的千亩（今山西安泽东北）之战，宣王大败，“丧南国之师”。宣王为了补充兵员，“乃料民于太原（今太原一带）”（《国语·周语上》）。“料民”就是清查户口，便于征兵。这是动摇民心，加剧社会不安之事。有些大臣表示反对，亦向宣王说明了道理，可是宣王还不听，坚持清查户口，人心大乱。

3. 犬戎入侵，幽王丧命

宣王死，子幽王立。幽王二年（前780年），京师所在地关中地区发生了大地震。《诗经·小雅·十月之交》曰：“百川沸腾，山冢崒崩，高岸为谷，深谷为陵。”这次大地震造成的灾情严重，许多河水断流，湖池涸竭，林木干枯，人口散亡。《诗经·大雅·召旻》曰：“旻天疾威，天笃降丧。瘨我饥馑，民卒流亡……如彼岁旱，草不溃茂。……池之竭矣，不云自频；泉之竭矣，不云自中。……昔先王受命，有如召公，日辟国百里。今也，日蹙国百里。于乎哀哉！维今之人，不尚有旧。”郑玄笺云：“哀哉，哀其不高尚贤者，尊任有旧德之臣，将以丧亡其国。”可是就在这样的情势之下，周幽王并不体恤人民的疾苦，仍过着穷奢极欲的生活，并强夺民财，搜罗美女。政治黑暗，怨声载道。《诗经·大雅·瞻卬》曰：“人有土田，女（汝）反有之；人有民人，女覆夺之。此宜无罪，女反收之；彼宜有罪，女覆说之。”“收”是拘捕，“说”是赦免。这是揭露控诉周幽王颠倒黑白、倒行逆施的情况。这些情况的存在和发展，加剧了统治阶级与被统治阶级之间及国王与一般贵族之间的矛盾和斗争。

幽王最为严重的错误是他无视宗法制度的规定。其父周宣王仅仅是干预鲁国君位世袭，以武力强制鲁国废嫡立庶。而幽王之错误远远超过乃父。他废掉申后，另立宠妃褒姒为后，废申后所生太子宜臼，另立褒姒所生儿子伯服为太子。这不仅严重破坏了宗法制度，也严重破坏了王位世袭制度，使统治集团内部为废立而发生分裂斗争，也引起诸侯的不满。首先是太子宜臼逃到了申国，申国是周宣王所封，姜姓，在今河南南阳一带，为宜臼的外公家，与戎人关系密切，或称申戎，也叫姜氏之戎。申侯是太子宜臼的外公，幽王所废申后之父。

褒姒是褒国（今陕西汉中市西北一带）之女，不苟言笑。自册立为后，幽王想尽一切办法博她一笑，甚至违反军纪，命人在无寇进犯的情况下，将靠近京师骊山一带的烽燧点燃，白天浓烟高升，黑夜火光冲天。附近诸侯望见火警，率军前来勤王护驾，可是每每因无寇患而受骗。褒姒倒是由此大笑不止，可是诸侯却气愤不已。以后再举烽火，诸侯就不来了。史称此事为“烽火戏诸侯”。这时周王室的内政由虢石父掌握。此人奸诈虚伪，对幽王阿谀奉承，对他人则强取豪夺。他虽受到周幽王的信任而为卿士，可是国人都怨恨他。西周的政治日益混乱黑暗。

周幽王十一年（前771年），幽王与褒姒等正在骊山宫寻欢作乐之时，久欲为申后及太子宜臼报仇的申侯联合了犬戎等部举兵攻周，杀幽王于骊山，掳走褒姒，京师丰镐被抢劫一空，宫殿尽成瓦砾。申侯和众诸侯拥立原太子宜臼继承王位，即周平王。这时的丰镐已残破不堪，戎人仍在活动，时刻威胁着平王的安全。平王决定放弃宗周丰镐，将都城东迁成周雒邑（亦作洛邑，今河南洛阳）。帮助迁都和护驾的有秦襄公及晋、郑等国的诸侯。是年为公元前770年。前此都于丰镐之周，史称西周，至前771年灭亡。迁都于雒邑之周，史称东周，周平王即为东周的第一代国王。

注释：

①本表是根据《史记·周本纪》制定的。

②参看王国维：《古本竹书纪年辑校》。

③《陕西出土一万余片周的甲骨》，《文物特刊》1978年第43期。

④北京大学历史系编写组：《北京史》（增订本），北京出版社1998年版，第19–20页。

⑤王国维：《观堂集林》，中华书局1959年版，第二册第453、474页。

⑥《吕思勉读史札记》甲帙《先秦·三公·四辅·五官·六官·冢宰》，上海古籍出版社1982年版，第223页。

⑦胡厚宣：《殷墟发掘》，学习生活出版社1955年版，第104页及图版57。

⑧《墨子·尚贤下》："昔者傅说居北海之洲，圜土之上。"孙诒让案语引《吕氏春秋·求人篇》："傅说，殷之胥靡也。"又引《周礼·大司徒》郑玄注："圜土，谓狱也，狱城圜。"

⑨陆听、徐世虹：《中外法律文化大典》，中国政法大学出版社1994年版，第17页。

⑩郭沫若说："孟子所说的八家共井……那完全是孟子的乌托邦式的理想化。"见郭沫若：《奴隶制时代》，科学出版社1956年版，第15页。

⑪杨宽：《古史新探》，中华书局1965年版，第112页。

⑫林甘泉：《中国封建土地制度史》第一卷，中国社会科学出版社1990年版，第8页。

⑬马克思：《资本论》第1卷，《马克思恩格斯全集》第23卷，人民出版社1972年版，第265-266页。

⑭参看满都尔图：《试论原始公社末期土地私有制的发展》，《历史研究》1976年第4期。

⑮国人，指居住在城邑内的人。《周礼·地官·泉府》："国人郊人从其有司。"贾公彦疏："国人者，谓住在国城之内，即六乡之民

也。”按：国人的身份为自由民。

⑯关于藉田，《诗经·周颂·载芟》诗序曰：“载芟，春籍田而祈社稷也。”《毛传》曰：“籍田，甸师氏所掌，王载耒耜所耕之田，天子千亩，诸侯百亩。籍之言借也，借民力治之，故谓之籍田。”亦作“藉田”。

出版说明

“新编历史小丛书”承自20世纪60年代吴晗策划的“中国历史小丛书”，其中不少名家名作已经是垂之经典的作品，一些措辞亦有写作伊初的时代特征。为了保持其原有版本风貌，再版过程中不做现代汉语的规范化统一，读者阅读时亦可从中体会到语言变化的规律。

“新编历史小丛书”编委会

图书在版编目（CIP）数据

中国上古史话 / 张传玺著. -- 贵阳：贵州人民出版社，2023.12
（新编历史小丛书. 史话）
ISBN 978-7-221-18097-1

Ⅰ. ①中… Ⅱ. ①张… Ⅲ. ①中国历史－上古史－通俗读物 Ⅳ. ①K210.9

中国国家版本馆CIP数据核字(2023)第211034号

新编历史小丛书 · 史话

中国上古史话

ZHONGGUO SHANGGU SHIHUA

张传玺 ◎著

出 版 人　朱文迅
责任编辑　徐楚韵
装帧设计　陈　电
责任印制　蔡继磊

出版发行　北京出版集团　文津出版社
　　　　　贵州出版集团　贵州人民出版社
地　　址　贵阳市观山湖区中天会展城会展东路SOHO公寓A座
印　　刷　贵州新华印务有限责任公司
版　　次　2024年2月第1版
印　　次　2024年2月第1次印刷
开　　本　880 mm × 1230 mm　1/32
印　　张　4.25
字　　数　63千字
书　　号　ISBN 978-7-221-18097-1
定　　价　24.80元

如发现图书印装质量问题，请与印刷厂联系调换；版权所有，翻版必究；未经许可，不得转载。